高等院校财经专业精品教材

行政文化导论

An Introduction to Administrative Culture

芦文龙 编著

东北财经大学出版社
Dongbei University of Finance & Economics Press
大连

图书在版编目（CIP）数据

行政文化导论 / 芦文龙编著. —大连：东北财经大学出版社，2019.4
（高等院校财经专业精品教材）
ISBN 978-7-5654-3489-1

Ⅰ. 行… Ⅱ. 芦… Ⅲ. 行政学-文化学-高等学校-教材 Ⅳ. D035

中国版本图书馆CIP数据核字（2019）第046793号

东北财经大学出版社出版

（大连市黑石礁尖山街217号　邮政编码　116025）

网　　　址：http://www.dufep.cn

读者信箱：dufep@dufe.edu.cn

大连东泰彩印技术开发有限公司印刷　东北财经大学出版社发行

幅面尺寸：170mm×240mm　　字数：185千字　　印张：12.75　　插页：1

2019年4月第1版　　　　　　　　　　　　2019年4月第1次印刷

责任编辑：李　彬　周　晗　　　　　　　　责任校对：文　雅

封面设计：张智波　　　　　　　　　　　　版式设计：钟福建

定价：32.00元

教学支持　售后服务　联系电话：（0411）84710309
版权所有　侵权必究　举报电话：（0411）84710523
如有印装质量问题，请联系营销部：（0411）84710711

前　言

2018年是改革开放40周年。40年来，中国人民在中国共产党的领导下取得了举世瞩目的成就。这种成就是全面的。正如习近平总书记在庆祝改革开放40周年大会上的讲话中所言："改革开放40年来，从开启新时期到跨入新世纪，从站上新起点到进入新时代，40年风雨同舟，40年披荆斩棘，40年砥砺奋进，我们党引领人民绘就了一幅波澜壮阔、气势恢宏的历史画卷，谱写了一曲感天动地、气壮山河的奋斗赞歌。"具体到文化领域，就是我们始终坚持发展社会主义先进文化，加强社会主义精神文明建设，培育和践行社会主义核心价值观，传承和弘扬中华优秀传统文化，坚持以科学理论引路指向，以正确舆论凝心聚力，以先进文化塑造灵魂，全民族理想信念和文化自信不断增强，国家文化软实力和中华文化影响力大幅提升。

习近平总书记在党的十九大报告中强调指出："文化是一个国家、一个民族的灵魂。文化兴国运兴，文化强民族强。没有高度的文化自信，没有文化的繁荣兴盛，就没有中华民族伟大复兴。要坚持中国特色社会主义文化发展道路，激发全民族文化创新创造活力，建设社会主义文化强国。"中国特色社会主义文化事业的发展和繁荣，与中华民族的命运紧密相连，与建成富强民主文明和谐美丽的社会主义现代化强国的目标紧密相连，与中华民族伟大复兴的中国梦的实现紧密相连。党的十八大以来，中国特色社会主义进入新时代，增强"文化自信"是新时代文化思想的核心理念，党领导人民开启了坚持和发展中国特色社会主义文化道路、实现文化繁荣的新征程。行政文化作为国家的一种软实力，是国家各种制度和社会秩序在精神层面的投射，客观反映着国家的经济、政治、文化、社会和生态等的发展水平和治理水平。对行政文化的思考与研究，不仅关乎我国行政实践、社会治理水平，也关乎我们的文化自信。中国特色社会主义进入新时代，我们面临的世情、国情、党情发生了新变化。基于此，笔者对"行政文化"这一主题进行了新思考，并以行政文化为主线，把与行政文化和行政管理有关的主要概念，比如行政文化的传播与价值整合、公务员、行政组织，以及行政文化的冲突与融合、变迁与新时代我国行政文化的发展趋势、构建原则、理论指导、主要途径等，都贯穿起来，并对相关内容给予了对世情、国情、党情的新变化的必要考察和回应，最终以本书的形式呈现出来。

　　本书的出版得到了东北财经大学马克思主义学院的大力支持。东北财经大学马克思主义学院于2016年获批"辽宁省师范马克思主义学院"。因此，本书也是马克思主义学院建设示范马院的成果之一。感谢湖北大学洪威雷教授对本书的编写过程中给予的无私帮助！感谢东北财经大学出版社编辑对本书出版过程中的辛勤付出！本书在编写过程中参考了国内外学者的许多观点，在此一并表示感谢！书中错漏之处在所难免，恳请读者批评指正！

芦文龙

2019年1月

目　录

[1]

新时代与行政文化

中国特色社会主义进入新时代，新时代是我们理解当前所处历史方位的关键词，也是我们理解、思考和解决中国当前所有问题的关键词。新时代我国社会主要矛盾的变化是关系全局的历史性变化，对党和国家工作提出了许多新要求。构建与世情、国情和党情相适应的新时代的行政文化，也是社会主要矛盾变化提出的新要求之一。新时代对我国行政文化的建设提出的新要求，具体集中体现在新时代对中国特色社会主义行政管理体系建设的要求中。对行政文化的内涵、特征、构成及功能等基本问题进行研究，对于构建我国新时代的行政文化是十分必要的。

1.1 构建新时代的行政文化

1.1.1 我们处在中国特色社会主义新时代

新时代是我们理解当前所处历史方位的关键词，也是我们理解、思考和解决中国当前所有问题的关键词。积极研究、构建与深化行政体制改革、建设人民满意的服务型政府、推进国家治理体系和治理能力现代化相适应的行政文化，必然要求对新时代有深入的理解和把握。

中国特色社会主义进入新时代，意味着近代以来久经磨难的中华民族迎来了从站起来、富起来到强起来的伟大飞跃，迎来了实现中华民族伟大复兴的光明前景；意味着科学社会主义在21世纪的中国焕发出强大生机活力，在世界上高高举起了中国特色社会主义伟大旗帜；意味着中国特色社会主义道路、理论、制度、文化不断发展，拓展了发展中国家走向现代化的途径，给世界上那些既希望加快发展又希望保持自身独立性的国家和民族提供了全新选择，为解决人类问题贡献了中国智慧和中国方案。这个新时代，是承前启后、继往开来、在新的历史条件下继续夺取中国特色社会主义伟大胜利的时代，是决胜全面建成小康社会、进而全面建设社会主义现代化强国的时代，是全国各族人民团结奋斗、不断创造美好生活、逐步实现全体人民共同富裕的时代，是全体中华儿女勠力同心、奋力实现中华民族伟大复兴中国梦的时代，是我国日益走近世界舞台中央、不断为人类做出更大贡献的时代。[①]身处新时代，我们要不忘初心，牢记使命，砥砺前行，要勇于承担属于我们的历史责任感和时代使命感，要为实现中华民族伟大复兴的中国梦不懈奋斗！

在国家治理视阈下的行政文化构建，必须理解和正视新时代我国社会的主要矛盾。中国特色社会主义进入新时代，我国社会主要矛盾已经转化为人民日益增长的美好生活需要和不平衡不充分的发展之间的矛盾。我国稳定解决了十几亿人的温饱问题，总体上实现小康，不久将全面建成小康社会，人民美好生活需要日益广泛，不仅对物质文化生活提出了更高要求，而且在民主、法治、公平、正义、安全、环境等方面的要求日益增长。同时，我国社会生产力水平总体上显著提高，社会生产能力在很多方面进入世界前列，更加突出的问题是发展不平衡不充分，这已经成为满足人民日益增长的美好生活需要的主要制约因素。[②]

---

① 习近平. 决胜全面建成小康社会 夺取新时代中国特色社会主义伟大胜利——在中国共产党第十九次全国代表大会上的报告 [M]. 北京：人民出版社，2017：10-11.
② 习近平. 决胜全面建成小康社会 夺取新时代中国特色社会主义伟大胜利——在中国共产党第十九次全国代表大会上的报告 [M]. 北京：人民出版社，2017：11.

研究与构建新时代行政文化，必须深刻理解并掌握新时代坚持和发展什么样的中国特色社会主义这一根本问题。习近平新时代中国特色社会主义思想对这一问题通过八个"明确"进行了全面阐述：明确坚持和发展中国特色社会主义，总任务是实现社会主义现代化和中华民族伟大复兴，在全面建成小康社会的基础上，分两步走在21世纪中叶建成富强民主文明和谐美丽的社会主义现代化强国；明确新时代我国社会主要矛盾是人民日益增长的美好生活需要和不平衡不充分的发展之间的矛盾，必须坚持以人民为中心的发展思想，不断促进人的全面发展、全体人民共同富裕；明确中国特色社会主义事业总体布局是"五位一体"、战略布局是"四个全面"，强调坚定道路自信、理论自信、制度自信、文化自信；明确全面深化改革总目标是完善和发展中国特色社会主义制度、推进国家治理体系和治理能力现代化；明确全面推进依法治国总目标是建设中国特色社会主义法治体系、建设社会主义法治国家；明确党在新时代的强军目标是建设一支听党指挥、能打胜仗、作风优良的人民军队，把人民军队建设成为世界一流军队；明确中国特色大国外交要推动构建新型国际关系，推动构建人类命运共同体；明确中国特色社会主义最本质的特征是中国共产党领导，中国特色社会主义制度的最大优势是中国共产党领导，党是最高政治领导力量，提出新时代党的建设总要求，突出政治建设在党的建设中的重要地位。①

总之，研究与构建新时代的行政文化，是与社会主义行政管理实践、社会主义服务型政府构建以及社会主义国家治理现代化相一致的行政文化。这就必然要求对新时代的上述内容有深入理解和深刻把握，必然要求以习近平新时代中国特色社会主义思想为根本遵循和理论指引。

1.1.2　新时代对行政文化建设提出新要求

必须认识到，新时代我国社会主要矛盾的变化是关系全局的历史性变化，

---

① 习近平. 决胜全面建成小康社会　夺取新时代中国特色社会主义伟大胜利——在中国共产党第十九次全国代表大会上的报告［M］. 北京：人民出版社，2017：19-20.

对党和国家工作提出了许多新要求。我们要在继续推动发展的基础上，着力解决好发展不平衡不充分问题，大力提升发展质量和效益，更好满足人民在经济、政治、文化、社会、生态等方面日益增长的需要，更好推动人的全面发展、社会全面进步。①构建与世情、国情和党情相适应的新时代的行政文化，也是社会主要矛盾的变化对党、国家和政府工作提出的新要求之一。以习近平新时代中国特色社会主义思想为根本遵循和理论指导所构建的行政文化，也就必然有助于化解社会主要矛盾中与行政实践相关的问题。

党的十九大明确指出要健全人民当家作主制度体系，发展社会主义民主政治，必须深化机构和行政体制改革。统筹考虑各类机构设置，科学配置党政部门及内设机构权力、明确职责。统筹使用各类编制资源，形成科学合理的管理体制，完善国家机构组织法。转变政府职能，深化简政放权，创新监管方式，增强政府公信力和执行力，建设人民满意的服务型政府。赋予省级及以下政府更多自主权。在省市县对职能相近的党政机关探索合并设立或合署办公。深化事业单位改革，强化公益属性，推进政事分开、事企分开、管办分离。②

党的十九大明确指出要提高和改善民生水平，加强和创新社会治理，必须打造共建共治共享的社会治理格局。加强社会治理制度建设，完善党委领导、政府负责、社会协同、公众参与、法治保障的社会治理体制，提高社会治理社会化、法治化、智能化、专业化水平。加强预防和化解社会矛盾机制建设，正确处理人民内部矛盾。树立安全发展理念，弘扬生命至上、安全第一的思想，健全公共安全体系，完善安全生产责任制，坚决遏制重特大安全事故，提升防灾减灾救灾能力。加快社会治安防控体系建设，依法打击和惩治黄赌毒黑拐骗等违法犯罪活动，保护人民人身权、财产权、人格权。加强社会心理服务体系建设，培育自尊自信、理性平和、积极向上的社会心态。加强社区治理体系建设，推动社会治理重心向基层下移，发挥社会组织作用，实现政府治理和社会

---

① 习近平. 决胜全面建成小康社会 夺取新时代中国特色社会主义伟大胜利——在中国共产党第十九次全国代表大会上的报告［M］. 北京：人民出版社，2017：11-12.
② 习近平. 决胜全面建成小康社会 夺取新时代中国特色社会主义伟大胜利——在中国共产党第十九次全国代表大会上的报告［M］. 北京：人民出版社，2017：39.

调节、居民自治良性互动。①

　　党的十九大明确指出要加快生态文明体制改革，建设美丽中国，必须改革生态环境监管体制。加强对生态文明建设的总体设计和组织领导，设立国有自然资源资产管理和自然生态监管机构，完善生态环境管理制度，统一行使全民所有自然资源资产所有者职责，统一行使所有国土空间用途管制和生态保护修复职责，统一行使监管城乡各类污染排放和行政执法职责。构建国土空间开发保护制度，完善主体功能区配套政策，建立以国家公园为主体的自然保护地体系。坚决制止和惩处破坏生态环境行为。②

　　新时代对我国行政文化的建设提出的新要求，具体集中体现在新时代对中国特色社会主义行政管理体系建设的要求中。中国特色社会主义行政管理体系是执政党联系人民群众的重要枢机，是加强党的全面领导和贯彻党的方针政策的实现载体。在国家建设、改革、发展和治理的历史实践中，"行政体制改革既是实现全面深化改革总目标的重要抓手，又是使市场在资源配置中起决定性作用、更好发挥政府作用的关键举措，也是贯穿经济体制、政治体制、文化体制、社会体制、生态文明体制改革的连接点、交汇点和关节点"，因此，构建职责明确、依法行政的政府治理体系，对于落实新时代国家治理的战略方略，决胜全面小康社会建设，具有重要的意义和影响。面对新时代发展、改革和治理的要求，以习近平同志为核心的党中央针对国内外形势和环境的变化，运用历史唯物主义和辩证唯物主义，以深厚的战略定力，紧紧围绕中国特色社会主义建设的重大问题，确定了全面建设社会主义现代化强国的目标步骤、"五位一体"的总体布局、"四个全面"的战略布局及其方略，绘制了中华民族伟大复兴的宏伟蓝图。相对于这些战略宏图和实施方略，我国行政管理体系行政机构职能配置及其运行状况与统筹推进"五位一体"总体布局、协调推进"四个全面"战略布局的要求还不完全适应，同坚持和加强党的全面领导的要求还不

---

　　① 习近平. 决胜全面建成小康社会　夺取新时代中国特色社会主义伟大胜利——在中国共产党第十九次全国代表大会上的报告［M］. 北京：人民出版社，2017：49.
　　② 习近平. 决胜全面建成小康社会　夺取新时代中国特色社会主义伟大胜利——在中国共产党第十九次全国代表大会上的报告［M］. 北京：人民出版社，2017：52.

完全适应，同坚持以人民为中心的发展思想的要求还不完全适应，同实现国家和政府治理现代化的要求还不完全适应。因此，在新时代的历史起点上，迫切需要以发展着的马克思主义指导新的伟大实践，为进一步建设中国特色社会主义行政管理体系提供理论指引和根本遵循，全面深化改革，有效推进国家治理体系和治理能力现代化。[①]

总之，党的十九大对与行政管理、社会治理等有关的实践活动进行了顶层设计式的规定和描述。这些规定和描述既是对新时代行政管理和国家治理的新要求，也是对新时代行政文化构建的新要求。党的十九大把建设法治政府、依法行政、深化机构和行政体制改革、国家治理等确立为习近平新时代中国特色社会主义思想的重要内容，足见其对新时代中国特色社会主义发展的重要性。行政文化作为一种与国家治理、行政管理密切相关的特殊文化样态，对其进行研究与构建，也十分重要。研究、构建新时代行政文化可以为实现国家治理能力的现代化提供有力支撑，有助于新时代我国行政体制改革的进一步深化，有助于新时代服务型政府的构建，也有助于富强民主文明和谐美丽的社会主义现代化强国的建设。

1.2　行政文化的概念、种类及功能

1.2.1　行政文化的内涵及特征

1.2.1.1　行政文化的内涵

（1）行政

"行政"是一个很古老的概念，它是伴随着国家的产生而出现的。在我国古代，行政是执掌政务、推行政令、处理政事的意思。如在《左传》和《史

---

① 中国行政管理学会课题组. 习近平新时代中国特色社会主义行政管理体系建设思想研究［J］. 中国行政管理，2018（6）.

记·周本纪》中，就分别有"行其政事，共其职贡"、"礼所以守其国，行其政令，无失其民者也"和"召公、周公二相行政，号曰'共和'"的记载。古代的"行政"往往"行"与"政"连用，侧重的是"政"而不是"行"，讲的是贯彻君主权臣的意志，目的是为专制政体服务。随着历史的发展，"行政"的内涵也发生变化，现代的"行政"更多地与客观的具体管理实务相关，讲的是制度、规范与民主。近现代学者对行政的概念进行了广泛的探讨，对它的认识也不尽相同，概括起来主要有以下三种观点：

第一，宏观行政说，认为行政是所有国家机关，包括立法、司法、行政各系统所属部门和所有企事业单位对行政事务的管理与处理。这种观点以美国学者西蒙、怀特等为代表。西蒙认为行政就是若干人为达到共同目的时所做的合作的集体行动。怀特指出，行政乃是为完成某种目的时，对许多人所做的指挥、协调和控制。

第二，中观行政说，认为行政是一种与政治相分离的，为了实现国家意志的执行活动。这种观点以美国行政学家古德诺为代表。他在《政治与行政》一书中指出，政治与行政是相互分离的，"在所有的政府体制中都存在着两种主要的或基本的政府功能，即国家意志的表达功能与国家意志的执行功能。在所有的国家中也都存在着分立的机关，每个分立的机关都用它们的大部分时间行使着两种功能中的一种。这两种功能分别就是：政治与行政"①。政治是国家意志的表现，行政是国家意志的执行。

第三，微观行政说，认为行政是除国家立法、司法系统以外的政府部门所从事的政务活动。这种观点以美国行政学家威劳比为代表，他认为行政仅仅是指政府部门所管辖的事务。②

以上三种观点，是学者们在不同的历史时期根据不同国家的社会政治、历史及现实，总结出来的关于"行政"概念的认识。这些认识带有深刻的时代烙印，也许在当时是无可厚非的，但应用于今日，未免有些欠妥。宏观行政说把

---

① 古德诺 F J. 政治与行政 [M]. 王元，译. 北京：华夏出版社，1987：12-13.
② 陈志平，郎佩娟. 中国行政管理学 [M]. 北京：中国政法大学出版社，1995：1.

行政概念的外延扩展到了除国家机关以外部门管理活动的范畴，突出了管理的公共性，但忽视了行政管理的权威性和政治色彩，没有分辨出企业管理等一般管理与行政管理的区别，难以科学地界定行政作为国家机关管理活动的本质。中观行政说认识到了行政与政治的区别，促进了行政学理论的发展与完善，但它片面地强调了行政与政治的分离，这是不科学的。实际上，当代世界各国的行政和政治都是紧密相连、互相影响的，与政治无关的行政行为是不可想象的。任何行政行为都体现着国家一定的政治意图，"很多学者认为，现代社会是一个政治泛化了的社会，在政府的行政程序和行政行为中，不可能不贯穿着政治精神，甚至在具体的活动中都体现了政党政治的影响"。①微观行政说明确表明国家行政不同于国家立法和司法活动，这与洛克和孟德斯鸠的分权学说有些相似，但不能全面反映当代"三权分立"理论，并且这种行政说过于狭隘，已经不完全符合现代社会的实际情况。因为随着现代国家政府权力的发展，行政机关也有了立法权（委托），这已经成为一种普遍现象。

综上所述，我们认为，行政是指国家行政机关和具有行政管理职能的公共组织为实现社会的公共目标和利益，依法运用国家法定权力，对国家和社会公共事务进行管理、服务的活动。

（2）文化

什么是文化？古今中外，人们的答案不尽相同，有百余种之多。美国人类学家阿尔弗雷德·克罗伯(A. L. Kroeber)和克莱德·克拉克洪(C. Kluckhohn)在1952年出版的《文化：概念和定义分析探讨》一书中列举了1871—1951年间关于"文化"的定义，多达164个。19世纪中叶以来，"文化"成了学术上和生活中使用频率最高的词语之一，也是歧义最多的用词之一。下面就列举几个代表性的文化概念。

当代英国文化人类学家爱德华·泰勒1871年在《原始文化》中阐释道："文化，或文明，就其广泛的民族学意义来说，是包括全部的知识、信仰、艺

---

① 张康之. 寻找公共行政的伦理视角 ［M］. 北京：中国人民大学出版社，2002：29.

术、道德、法律、风俗以及作为社会成员的人所掌握和接受的任何其他人的才能和习惯的复合体。"①泰勒把文化看成是一个复杂的整体，强调了文化的精神性，但却忽视了文化的物质性。也许是意识到这一概念的偏颇，泰勒在1881年出版的《人类学》中加进了"技术和物质文化"的内容。

当代美国文化人类学家克莱德·克鲁克洪等人在《文化与个人》一书中认为文化存在于思想、情感和各种已模式化的方式中，通过各种符号可以获得并传播它。另外，文化构成了人类群体各有特色的成就，这些成就包括他们制造物的各种具体形式。文化的基本核心由两部分组成：一是传统的思想，即从历史中选择得到的；二是与它们有关的价值。克莱德·克鲁克洪也给文化下了定义："文化是历史上所创造的生存式样的系统，既包含显性式样又包含隐性式样；它具有为整个群体共享的倾向，或是在一定时期中为群体的特定部分所共享。"②克鲁克洪认为文化包括显性和隐性分析的观点十分值得肯定。

梁漱溟先生在《中国文化要义》的绪论部分写道："文化，就是吾人生活所依靠之一切。如吾人生活，必依靠于农工生产。农工如何生产，凡其所有器具技术及相关之社会制度等等，便都是文化之一大重要部分。又如吾人生活，必依靠于社会之治安，必依靠于社会之有条理有秩序而后可。那么，所有产生此治安此条理秩序，且维持它的，如国家政治、法律制度、宗教信仰、道德习惯、法庭警察军队等，亦莫不为文化重要部分。又如吾人生来一无所能，一切都靠后天学习而后能之。于是一切教育设施，遂不可少；而文化之传播与不断进步，亦即在此。那当然，若文字、图书、学术、学校、及其相类相关之事，更是文化了。""俗常以文字、文学、教育、出版等为文化，乃是狭义的。我今说文化就是吾人生活所依靠之一切，意在指示人们，文化是极其实在的东西。文化之本义，应在经济、政治，乃至一切无所不包。"③在他看来，文化包括物质生活、社会生活和精神生活三大领域。梁漱溟先生把文化的含义扩展到了人类生活的各个方面，使文化的范畴更为宽泛了，而梁漱溟先生所指出的文化的

---

① 泰勒 E. 原始文化 [M]. 连树声，译.上海：上海文艺出版社，1992：1.
② 克莱德. 文化与个人 [M]. 高佳，何红，等，译.浙江：浙江人民出版社，1986：6.
③ 梁漱溟. 中国文化要义 [M]. 上海：上海世纪出版集团，2005：6.

本义在于经济和政治是很正确的思想。

劳思光在《中国文化要义新编》中通过文化现象和文化精神来分析和认识文化。他认为，"当我们将'文化'一词指一组经验事实的时候，我们所研究的即是所谓'文化现象'……但当我们从自由意志一面来观察文化的时候，我们所研究的题材，在实质上，已有了极大的变化。我们所研究的，已经不是这些现象本身，而是在现象背后的'文化精神'"①。他认为"文化精神"就是文化活动背后的自决或自主因素，可以被描述成"自由意志"或"自觉心"。他又指出，文化精神基本上必然表现于这些活动中的观念、生活态度、制度和习俗。劳思光通过文化现象和文化精神来分析和认识文化，实质上与美国文化人类学家克莱德·克鲁克洪对文化进行显性分析和隐性分析是相似的。

何晓明在《中国文化概论》中认为，广义的"文化"着眼于人类卓立于自然的独特生存方式，其涵盖面非常广泛，人们自然要将文化的结构解剖当作文化研究的首要程序。有学者认为："关于文化结构，有物质文化与精神文化两分说，物质、制度、精神三层次说，物质、制度、风俗习惯、思想与价值四层次说，物质、社会关系、精神、艺术、语言符号、风俗习惯六大子系统说。"②这里采用了四层次说。何晓明进一步指出，广义的"文化"从人之所以为人的意义上立论，认为正是文化的出现，"将动物的人变为创造的人、组织的人、思想的人、说话的人以及计划的人"，因而将人类社会——历史生活的全部内容统统摄入"文化"的定义域。

由上述概念可以归纳出文化的几点共性：其一，文化是由人创造和维系着的，人是文化的主体，文化是人特有的，在这个意义上，可以说"文化"的本质是"人化"。其二，文化包含两种元素，即显性元素和隐性元素，也就是文化现象和文化精神。其三，文化按照其结构因素分类，可以分为物质文化、制度文化、精神文化和行为文化。需要说明的是，很多学者都没有把人类的行为作为一种文化。其实，人类在改造物质和设立制度等时进行的行为，本身就具

---

① 劳思光. 中国文化要义新编［M］. 香港：香港中文大学出版社，1998：4.
② 张岱年，方克立. 中国文化概论［M］. 北京：北京师范大学出版社，1994：5.

有一定的价值观念，也是一种文化，即行为文化。其四，文化的传播介质就是它的创造者——人，它可以通过时间和空间两种方式传播。因此，我们可以认为，文化就是指人类将其生存、生活或发展方式，制度，思想，价值观，风俗习惯等社会化的过程及结果。

（3）行政文化

有学者认为，行政文化是文化在行政管理中表现出来的一种独特的文化样式，是一定行政组织中行政员工集体创造并公认的文化，是行政物质文化、行政制度文化和行政精神文化的有机结合。这种观点对行政文化进行了分类，把行政文化分为行政物质文化、行政制度文化和行政精神文化。对行政文化如此分类，当然可以。但是，如果从这个角度对行政文化进行划分，那么行政文化还必须包括行政行为文化（也称"行政执行力文化"），因为只有这样才符合文化的分类。比如"上有政策，下有对策"现象就是典型的行政行为文化。行政行为文化与行政成本、行政效率等都有着直接的关系，必须重视对它的积极引导和构建。

张金鉴给行政文化下的定义是，行政文化是政府官吏和公务人员所应该共同信守的行为模式、生活方式、人群关系及价值观念。这种观点认为行政主体（包括政府官吏和公务人员）应该信守行政文化，毫无疑问这是值得肯定的。但是，行政文化除了被包括政府官吏和公务人员在内的行政主体信守外，还应该被非行政主体即行政相对人和其他社会成员信守。正如冯友兰所说："无论我们是否思人生，是否谈人生，我们都是在人生之中；也无论我们是否思宇宙，是否谈宇宙，我们都是宇宙的一部分。"[①]换言之，不管人们是否知道行政文化，人们都处在行政文化之中，都会受到行政文化的影响。

王沪宁在《行政生态分析》中写道："行政文化包括了人们对行政活动的态度、信仰、情感和价值，具体地说，包括行政意识、政治意识、民族气质、行政心理、行政思想、行政原则、行政理想、行政观念等方面。"[②]王沪宁对行

---

① 冯友兰. 中国哲学简史 [M]. 北京：北京大学出版社，1996：2.
② 王沪宁. 行政生态分析 [M]. 上海：复旦大学出版社，1989：105.

政文化含义的认识是借用政治文化的框架进行分析的，更侧重于概念的外延方面。虽然行政文化的含义很广泛，但是他把政治意识和民族气质也纳入行政文化的范畴，是有待商榷的。因为政治意识和民族气质虽然也属于文化的范畴，但归入政治文化的范畴更为科学。

王沪宁和竺乾威主编的《行政学导论》中这样写道："行政的最主要的体现是人的活动，而每个行政人员身上都具有各种文化因素，如信仰、价值观念、态度等。当一定的行政人员形成一个完整的行政体系时，行政体系中的行政人员就会自然而然地创造出一种内容更为广泛、普遍并得到公认的文化，这就是行政文化。"①这种观点是从来源和产生方式来认识行政文化的。它虽然强调了文化的"广泛性"和"普遍公认性"，这是值得肯定的，但它认为行政文化是由具有各种文化因素的行政人员形成一定的行政体系后"自然而然"地创造出来的，这种认识是不科学的。众所周知，传承性是文化的基本特征。也就是说，行政文化作为文化的一种，也具有继承传统行政文化的性质。这样，行政文化的来源就不只是行政体系中的行政人员的文化因素了，还包括对传统行政文化的继承以及跨文化交流、借鉴等。还必须说明的一点是，行政文化虽然可能部分源于行政人员的文化因素，但其形成却不是"自然而然"的，因为行政文化的形成受到多种因素的制约，譬如政治文化等。

通过对上述几种行政文化定义的分析，不难得出下面几点认识：

第一，行政文化并不单是由行政主体创造的，而是由行政主体和行政相对人以及其他社会成员共同作用而形成的。行政文化并不只为行政主体所信守，还应该被非行政主体即行政相对人和其他社会成员所信守。

第二，行政文化的形成需要一个长期的过程。它是在行政社会化的过程中由行政系统内外的种种因素相互作用而形成的。这些因素包括行政行为、行政制度、行政相对人及其他社会成员对行政行为和行政制度的认识、理解和参与，包括今人对古人行政文化的有效继承，还包括各种行政文化之间的相互借

---

① 王沪宁，竺乾威. 行政学导论［M］. 上海：上海三联书店，1988：351.

鉴和渗透等。

第三，行政文化是一种特殊的社会文化。它具有显性元素和隐性元素，也就是行政文化现象和行政文化精神，是行政物质文化、行政制度文化、行政行为文化和行政精神文化的有机统一。

因此，可以这样定义，行政文化是指由行政主体和行政相对人以及其他社会成员在长期的行政实践过程中积淀而成的行政习惯、行政制度、行政规则、行政意识、行政价值观、行政态度、行政动机、行政信念和行政情感等，并且行政文化的形成过程和其社会化过程是统一的。

在界定清楚"行政文化"定义的基础上，我们再分析比较行政文化与政治文化、公民文化、企业文化及宗教文化的关系，以便于我们更加清楚地认识行政文化的含义。

①行政文化与政治文化。行政与政治关系密切，不可分割。行政的范畴小于政治的范畴，行政活动是政治活动的一部分。行政对政治具有反作用，而政治对行政则有主导作用。行政文化和政治文化既有区别又有联系：它们同属于文化的大范畴，同作为与政治相关的文化形态，具有共同点并且互相联系；它们分属于不同领域的文化，它们有着不同之处并互相区别。因此，行政文化和政治文化是一种辩证统一的关系，具体地表现在下述两个方面：

第一，作为文化，行政文化和政治文化的形成都是各自长期社会化的结果，都具有鲜明的政治色彩。二者都是一种非正式规范，对行政行为和政治行为都具有潜在的导向和羁束等作用。二者都具有显性元素和隐性元素，按照人的因素可以划分为物质、行为、制度和精神这几个层面。二者都属于上层建筑的组成部分，决定于经济基础和社会生产力的发展状况，并且对其又具有反作用。此外，行政文化在文化理论或实践中的变化会对政治文化产生影响，行政文化的创新发展会推动政治文化的前进并使之不断完善，政治文化则对行政文化具有主导作用。

第二，行政文化的范畴和政治文化的范畴有所不同，行政文化的范畴比政治文化的范畴要小得多，行政文化从属于政治文化。二者也隶属于不同的学科范畴，行政文化属于行政学的研究范畴，而政治文化则属于政治学的研究范畴。二者的主体也不尽相同，行政文化的主体主要是行政主体和行政相对人，他们对行政文化的形成、发展起主要作用；政治文化的主体是广大的人民群众，他们是政治文化的主要缔造者。

②行政文化与公民文化。行政文化的形成和社会化都是以人为主体的社会活动。

在政治用语中，行政文化形成和社会化的主体统称为"人民"，这也是我们传统的话语体系中使用较为频繁的词语。而"公民"则是一个法律词汇，更多地出现在法律条目中，日常生活中使用频率较低。"公民"是一个法律概念，强调的是法定的基本权利和义务。公民文化是一个政治学的概念，它所描述的是，从认识、认知和心理上看，民众在多大程度上可以作为既能实现自己的权利，又能履行自己的义务的合格公民。阿尔蒙德等人的实证研究表明，虽然参与型的政治文化是民主政治文化的核心，但是顺从型的和地域型的政治文化也是民主制度的政治文化的基础。以参与型文化为主，兼有顺从型、地域型文化的政治文化，就是公民文化。[①]公民文化有两个特点：一是理性，即公民有足够的政治认知能力、政治信息和参与能力来进行政治参与；二是积极，即公民积极、主动地参与政治事务，在动机上认为具有一定的政治责任，或认为政治与个人关系密切，利害攸关。公民文化的核心是公民的政治参与，在现代社会，公民既有政治参与能力，也有政治参与积极性，因此公民文化是一种参与型文化。[②]

前面提到，行政文化的形成和社会化也需要公民积极理性地参与，所以，行政文化也是一种参与型文化，这就是行政文化与公民文化的共同之处。但是，纯粹"积极—理性"的参与在现实中并不一定有利于形成理想的行政状态。公民对行政活动的适度参与有利于保持政府行政权力与行政责任之间的平衡，但过度的公民参与是不利于民主制度的稳定和发展的。不过，在现实中，

---

① 毛寿龙. 政治社会学 [M]. 北京：中国社会科学出版社，2001：118-119.
② 张维. 政治文化与公民文化 [N]. 学习时报，2007-12-31.

那种纯粹的参与型的行政文化是不存在的。

③行政文化与企业文化。企业文化作为现代企业的管理理论和管理方法，备受企业界和理论界的青睐，加之在全球经济一体化的推动下，企业文化飞速发展，在社会文化中可谓是一枝独秀了。行政文化也已经或者正在运用企业文化这块"他山之石"来不断地发展、完善自己，特别是发展、完善自己的精神文化层面。这种借鉴可以归纳为以下几个方面：

第一，人本意识。日本企业家松下幸之助先生认为，人就是万物之王，是伟大而崇高的存在。可以说，他对人的认识是很独到、很精辟的。在企业文化中，人本观念的核心是尊重人，激发人的热情，调动人的积极性，进而能更好地为企业服务。行政文化也应该借鉴企业文化的这种人本意识，树立行政即人、行政为人和行政靠人的正确观念，注重人的价值，满足人的需求，激发人的潜能，实现个人价值观与行政组织价值观的有机统一。

第二，创新意识。被誉为"哈佛讲坛上中国企业家'第一人'"的海尔集团CEO张瑞敏先生对创新有这样的认识：创新很关键，而且这种创新应该是持续的，今年创新的产品明年可能就被别人炒掉。一个企业要保持持续创新能力，就需要这个企业有创新文化和创新理念，有了创新的文化和理念就犹如给这个企业种植下了创新的基因，可以生成创新的人才、创新的管理模式、创新的技术产品。英特尔公司前CEO葛洛夫在领导他的企业面对日益激烈的国际市场竞争环境时也认为"不创新，便死亡"。可见，创新之于企业犹如水之于鱼。行政文化也需有创新意识，尤其是行政服务创新、管理创新和观念创新，这对于增强行政服务质量、提高行政效率、降低行政成本都具有重要作用。

第三，形象意识。企业形象的塑造是企业文化的重要内容。企业形象是企业产品质量、管理水平、成员素质及市场竞争力的外在综合表现。良好的企业形象是企业在激烈的市场竞争中所向披靡的法宝，也是企业的第二生命。同样，为政者在于取信于民。行政文化不能忽视政府的形象意识。良好的政府形象会使政府赢得人民的充分信任和忠心爱戴，对于开展行政工作、提高行政效率、增强行政行为的有效性都有极大的促进作用。当然，行政文化中的政府形象提升之法与企业形象的塑造之法有所不同。政府形象的提升在于行政人员和行政事务的点滴积累，而企业形象的提升不可避免地带有浓重的商业色彩，目的在于与"注意力经济"相连。政府形象的提升是为人民服务的结果，而不是搞什么政绩工程。

此外，行政文化还应该借鉴企业文化中的服务意识、竞争意识、效率意识及用人观念等。当然，企业文化对于行政文化有诸多可借鉴之处，并不意味着行政文化对企业文化没有影响，或者企业文化对行政文化的影响都是积极的。根据唯物辩证法的观点可以知道，行政文化对企业文化也有影响，并且这种影响有时是主导性、支配性的。比如，中国的国有企业改革，有很大一部分原因就是某些国有企业中的企业文化没有与时俱进，出现了严重的积极文化缺失现象，导致国有企业效益低下、亏损严重，这就在一定程度上破坏了政府形象。为了扭转这种局面，就必然要求行政文化发挥主导性作用，反映在行政文化中就是国家采取必要的行政措施，制定相应的行政政策进行国有企业改革。

④行政文化与宗教文化。宗教文化是人类社会文化的重要组成部分。行政文化和宗教文化都属于上层建筑的范畴，它们都由一定的经济基础决定并对之有反作用。在人类历史的发展过程中，政治集团与宗教集团之间的关系可以归纳为这样几种表现形式，即政教合一、神权统治、国教制、政教分离和宗教政党等。单看政治与宗教的关系，就不难看出行政文化与宗教文化之间的密切联系。宗教不在天上，而在人间。在人类历史上产生的宗教不胜枚举，然而影响最为深远的要数被称之为世界三大宗教的佛教、基督教和伊斯兰教了。在政治和宗教高度结合的社会背景下，研究行政文化和宗教文化的关系是没有多少现实意义的，在这种社会里政治和宗教结合地十分紧密，政权和神权的关系也很密切，甚至是完全合二为一的。政治活动和宗教活动几乎是一致的，行政文化和宗教文化也基本上是合一的，譬如在政教合一、神权统治和国教制的社会里都是这样。我们把宗教文化对行政文化的影响的研究范围主要锁定在政教分离的社会中。因为在政教分离的社会里，政治和宗教的分离只是相对的，它们都是上层建筑的有机组成部分，不可能完全绝对地分离。

行政文化和宗教文化之间的影响是互相的。但是，同是上层建筑的行政文化和宗教文化，相比较而言，行政文化处于主导和支配地位，宗教文化处于从属地位。因为在上层建筑的构成成分中政治和经济基础之间的关系最直接。宗教种类纷繁冗杂，宗教文化博大精深，对行政文化的影响也是多方面的，既有物质文化和制度文化层面的影响，又有行为文化和精神文化层面的影响；既有积极的影响，又有消极的影响。此处只简要论述宗教文化（邪教除外）对行政文化的影响。

第一，宗教文化中等级体系对行政文化的影响。等级体系是政治文化的产物，而后这种等级又在宗教文化中生根发芽。根据考古的发现，人类宗教发展的最初形态是原始宗教，原始宗教的信仰表现形态多为植物崇拜、动物崇拜、天体崇拜等自然崇拜，以及与原始氏族社会存在结构密切相关的生殖崇拜、图腾崇拜等。也就是说，原始宗教并不存在严密的等级体系，当等级意识随着政治文化进入宗教文化并逐渐成熟后，宗教文化中的等级体系就和行政文化相互影响了。不论是佛教、基督教还是伊斯兰教，它们都有一位至高无上的教主级别的人物供信徒信仰崇拜。佛教徒有其佛祖释迦牟尼，基督教徒信仰圣父、圣子、圣灵三合一的上帝，伊斯兰教徒信仰真主。此外，有些宗教中还存在明显的等级制，如佛教里面从佛祖释迦牟尼起，下排佛、菩萨、罗汉、声闻、帝释和比丘等。宗教文化中的这种教主崇拜及等级体系社会化后，严重禁锢了人们的思想，在人们的意识形态中形成了一种潜在的等级观念。这反映在行政文化中有两种表现：一是行政人员有时候唯上是从，不是依法行政，不是按照制度办事，而是按照上级领导的指示行事；二是人民群众崇拜权力甚至畏惧权力，对官员或行政人员及其行为持顺从心理，即使认为行政行为有不公正或侵害自身权利之处，也鲜有民告官者。这种文化氛围很难保障行政的公正性、合理性和合法性，使行政行为失去了人民群众的有力监督，十分不利于法治社会的发展。需要说明的是，中国行政文化中的等级意识，更多的不是受到中国社会里宗教文化诸如佛教文化、道教文化或者基督教文化等的影响，而是受到儒学的影响。有些学者把中国之儒学称为"儒教""准宗教""弥散的宗教"，认为儒学也是一种宗教，显然这种说法是值得商榷的。但是，儒学在中国具有类似于宗教的地位和功能，这是毫无疑问的。

第二，宗教文化中的某些教义对行政文化的影响。其一，佛教中的慈悲情怀和基督教中的博爱精神都提倡人们心中应有善念，要关爱人、关爱社会，认为爱是人类和谐的根本之所在。这种理念渗透到行政文化中，有利于依法行政的和谐发展。其二，不管是佛教、基督教、伊斯兰教还是其他宗教，诚信都是其所宣扬的教义的重要内容。诚信提倡的不只是信誉、信用，更重要的是人与人之间的相互信任。这种观念对诚信政府的建设意义重大。其三，佛教徒崇尚勤俭之风，穆斯林发扬勤俭的传统，基督教教义中也有勤俭的信念。宗教文化中的这种勤俭理念更多体现的是一种道德自律。道德自律能促使行政人员在有效实现行政行为目标的范围内降低行政成本，有助于实现经济行政。此外，还有许多宗教文化中的教义对行政文化产生影响，例如平等、孝亲等，在此不再一一列举。

除此之外，宗教文化还可以通过宗教行为和心理文化层面从宏观上对行政文化产生影响。例如，国家会因为受宗教文化的影响程度不同，它们的行政行为、行政制度等行政文化也会有所不同，典型的有阿拉伯国家；由不同种族或者不同信仰民族构成的国家，政府对这些种族和民族的行政政策也有所不同，典型的有中国。

1.2.1.2 行政文化的特征

行政文化作为社会文化系统的一支，受政治文化影响较大。行政文化的基本特征主要体现在以下几个方面：

第一，历史继承性。行政文化是一种历史现象，是人类社会发展到一定历史阶段的产物。人类在自身的发展过程中，尤其是在历史行政实践活动中，创造了行政文化并使之不断丰富、繁荣。行政文化不是由哪一代或几代人创造出来的，它是在人类历史发展过程中不断积累、积淀而形成的。列宁曾指出："无产阶级文化并不是从天上掉下来的，也不是那些自命为无产阶级文化专家的人杜撰出来的。如果硬是这样说，那完全是一派胡言。无产阶级文化应当是人类在资本主义社会、地主社会和官僚社会压迫下创造出来的全部知识合乎规律的发展。"① "马克思主义这一革命无产阶级的思想体系赢得了世界历史性的意义，是因为它并没有抛弃资产阶级时代最宝贵的成就，相反地却吸收和改造了2 000多年来人类思想和文化发展中一切有价值的东西。"②如同列宁对无产阶级文化的认识一样，行政文化作为一种文化类型，也具有历史继承性。它必须对历史上的行政文化遗产进行批判性的继承，取其精华，去其糟粕，进而才能发展成为符合社会时代要求的行政文化，如人本主义的行政文化就是在对传统的民本思想批判性继承的基础上形成的。

第二，物质依附性。社会存在决定社会意识。一般来说，有什么样的社会经济基础，就会有什么样的上层建筑与之相适应。社会经济基础属于物质的范畴，而包括行政文化在内的一切文化都属于上层建筑的范畴，这就说明文化具有物质依附性。行政文化的物质依附性主要体现在两个方面：一是体现在行政文化同经济基础和生产力发展状况的密切联系上。社会的经济基础和生产力发展水平决定着行政文化的性质、功能和表现形态等。不同层次的经济基础和不同水平的生产力状况决定了不同的社会历史阶段，而不同的社会历史阶段就有不同的行政文化与之相适应。二是体现在行政文化的物质层面，也就是行政物质文化上。行政物质文化是行政文化不可或缺的层面。人们之所以能够很直接地从视觉或者感觉上感受到行政文化的表层，就是因为有行政器物和行政公共产品这样的"物质"存在。如果没有行政器物和行政公共产品存在，那么人们的意识当中就不会很直接地对行政文化产生反映，从而行政物质文化就不存在了，行政文化也就缺少了应有的层面。行政文化的物质依附性也决定了行政文化具有多样性。

第三，实践性和创新性。不论是以具体行政行为为主要内容的外部行政行为，还是以国家公职关系为主要内容的内部行政行为，它们都具有十分强烈的

---

① 列宁. 列宁选集：第4卷 [M]. 中共中央马克思恩格斯列宁斯大林著作编译局，译.北京：人民出版社，1995：285.
② 列宁. 列宁选集：第4卷 [M]. 中共中央马克思恩格斯列宁斯大林著作编译局，译.北京：人民出版社，1995：299.

实践性。尽管行政文化属于意识领域的范畴，但是行政行为等行政实践活动却是行政文化赖以产生和发展的客观基础，行政文化也对行政实践活动产生直接影响，同样具有实践性。此外，行政行为文化作为一种动态的文化成果，实践性倾向十分明显。它直接塑造了行政物质文化、行政制度文化和行政精神文化等行政文化的其他层次。从这个角度来分析，行政文化的确是一种实践性很强的文化。然而，行政文化要得到丰富和发展，仅有实践性是不够的。行政文化如果要不断地丰富和发展，以适应社会发展的要求，就必须在实践的基础上不断地学习和借鉴先进的行政文化，不断地创新，因此，创新性是行政文化的特征之一，它是行政文化实践性的深化。

第四，前进性和曲折性。行政文化发展的基本前提是行政文化的变革。行政文化的变革主要是指行政主体的行政价值观、行政理想、行政信仰、行政道德和行政精神等方面发生了本质变化。行政文化的发展是行政文化变革的质变和量变的统一，是行政文化变革的积极成果。行政文化的变革方向不仅应该与政治文化和社会文化的前进方向保持一致，而且应该也必须与社会政治、经济发展的方向相一致，因此，行政文化变革、发展的方向必然是前进的。但是，受到落后行政文化的阻碍或者受到社会政治、经济和文化中消极因素的影响，行政文化的变革、发展又不可能是一帆风顺、永远前进的，这就使得行政文化变革、发展出现了倒退、停滞或者前进等多种形态，使得行政文化的变革、发展呈现出螺旋式上升、波浪式前进的状态。由此看来，行政文化是前进性和曲折性的统一，前进性是主流，行政文化总体上是前进的。

第五，稳定性和动态性。行政文化是历史积淀的结果，一旦形成就具有相对的稳定性，所以行政文化的特征首先体现在它的相对稳定性之中。但是，行政文化要发展，就必然会表现出一定的动态性。行政文化的发展就是行政文化在相对稳定的基础上不断变革更新的过程。行政文化的稳定性和动态性是相互更替着的。行政文化经过长期积淀而形成后，受政治、经济和文化等因素的影响，会表现出一种相对稳定的模式，但是，世界是变化着的世界，随着社会生产力的发展和社会经济、政治的变化，行政文化也不可避免地会受到冲击。当行政文化受到的冲击力强于行政文化稳定性的承受力时，行政文化就会产生渐变，久而久之，行政文化就会发生质变，而后又在相当长的时期内保持其稳定性。因此，行政文化的变革、发展就是这样一个稳定性与动态性不断交替着的循序渐进的过程。

第六，融合性和整合性。行政文化的融合性是指行政文化和其他文化之间能够渗透、融合的特性；行政文化的整合性是指对于不同性质的行政文化和不同类别的文化中包含的积极因素，人们可以将其进行整合的特性。从一定程度上讲，行政文化的整合性是融合性的发展。行政文化的融合性表现在两个方面：一是行政文化内部的渗透融合，这又包含着三种情形：①古今行政文化的融合，即传统行政文化与现代行政文化的纵向融合；②中外行政文化的融合，即国内行政文化和国外行政文化的横向融合；③古今中外行政文化的融合，也就是传统行政文化、现代行政文化、国内行政文化和国外行政文化的交叉融合。二是行政文化和其他文化之间的渗透融合，譬如行政文化与政治文化、法律文化、企业文化和宗教文化等文化之间的融合。

第七，精英性和大众性。很多学者认为，行政文化仅仅是对行政官员行为范式及其种种制约因素的一种概括，是一种精英文化。其实不然，行政文化的缔造者不只是行政官员或者行政组织，还与行政相对人和其他行政参与人以及人民群众有着一定的联系。当然，行政文化的主体是行政主体，但是人民群众尤其是行政相对人和其他行政参与人也不是行政文化的被动接受者。行政文化的社会化过程和它的形成过程几乎是同一个过程。行政文化要想发挥其功能，达到一定的社会效应，就必须渗透到社会有关领域和层面，因此，行政文化又是带有强烈大众化色彩的文化。所以，精英性与大众性的统一，是行政文化的又一特征。随着民主政治的发展，行政文化的精英性也受到了相当大的冲击。民主社会必然要求政治精英要和人民群众密切联系，这就促使行政文化的精英性向大众性趋近。

1.2.2 行政文化的构成及功能

1.2.2.1 行政文化的构成

正如前面所论述的那样，作为一种特殊的社会文化，行政文化由显性元素和隐性元素构成，也就是行政文化现象和行政文化精神，是行政物质文化、行政制度文化、行政行为文化和行政精神文化的有机统一。其中，行政物质文化是蕴涵着行政文化价值的物质形态，是行政文化的硬件外壳；行政制度文化是一定行政观念形态的外化，是行政文化的支撑；行政行为文化是行政活动的动态体现，它包括了行政文化中最大量表现的内容，是行政文化的最活跃的元素；行政精神文化是指行政价值观、行政信念、行政理想等精神形态的内容，是行政文化的核心。

（1）行政物质文化

什么是行政物质文化？我们要在行政文化框架下认识物质文化，首先必须强调的应该是文化，然后强调文化的载体——"物质"，否则就会犯舍本逐末的错误。我们对于行政物质文化的研究，应该把落脚点放在"文化"上，而非"物质"上。据此，可以这样定义：行政物质文化是人们通过与行政有关的物质设施及由行政组织提供的公共服务等载体所能感受到的行政的表层文化，是行政行为文化和行政精神文化的感性显现与物化，是人们认识行政文化的出发点。这样定义行政物质文化，强调了物质中的文化因素，把行政物质文化的落脚点归结在"文化"上，而不仅止步于一般的器物上。

人们对行政物质文化的感受和认识，主要通过以下两个方面的内容进行：一是行政器物，包括行政物质设施和与行政相关的建筑物等。行政器物是行政文化的一种外部象征，它从视觉上直观地体现了行政文化的部分特点。行政物质设施的设置状况是行政行为能否得以实施的重要影响因素。建筑是思想表达的一种符号。一个国家的与行政相关的建筑，往往能够反映出该国行政文化的不同风格及领导者的不同追求。二是公共服务产品，包括行政组织提供的有形产品和无形产品。行政组织提供的公共服务产品是行政文化的重要组成部分，人们可以直接感知到行政文化的部分特点。公共服务产品的供应状况，是衡量行政水平高低、测评行政绩效的重要尺度之一。

行政器物的造设状况和行政服务产品的提供状况，不仅能够直接反映出一个国家行政水平的高低，而且能够体现出该国行政文化的优劣。与国家经济发展水平相当、与国民的承受能力相符的行政器物造设，是国家领导者正确了解国情，特别是对国家经济发展水平的正确认识、对国家发展战略的有效把握以及对国民生活的切身体验等的结果。只有与国家经济发展水平相当、与国民承受能力相符的行政器物造设，才是合乎国情、顺应民心的行政行为，也只有这样的行政器物造设才能体现出一个国家在特定历史时期的行政文化的先进性。同样，能够高质量、高效率地提供公共服务产品，是较高行政绩效的重要表现形式，也是较高行政水平的必然体现。

值得强调的是，由于行政物质文化是行政精神文化的外化结晶，所以要衡量行政物质文化的性质先进与否，就必须把行政物质文化与行政精神文化紧密结合起来。把行政物质文化和行政精神文化割裂开来，单独、笼统地讨论行政物质文化是否具有先进性，这种研究问题的方式是不科学的。因为如果行政物质文化离开了行政精神文化，就凸显了其"物质"的一面，而削弱了其"文化"的一面，这样的行政物质文化更准确地应该称为"行政文化物质"。行政精神文化体现在一定的物质文化中，行政物质文化蕴涵着行政精神文化的内容。因此，只有与先进的行政精神文化意图相一致的行政物质文化，才是具有先进性的行政物质文化。

（2）行政制度文化

行政制度文化是行政文化有机整体中的重要组成部分。行政制度文化是国家为实现特定目标对行政主体、行政相对人及其他行政参与人给予一定限制的文化，它是一种强制性规范。行政组织的管理制度、领导体制、组织机构以及与行政相对人、其他行政参与人相关的法律、法规、规章制度等都属于行政制度文化的范畴。

从整体上来看，行政制度文化作为行政文化的一部分，与思想、观念、精神层面及物质层面是密切联系着的。行政行为最先受到行政观念、行政精神的支配，而行政观念、行政精神因素必然会形成行政法律、法规和规章制度等。当行政制度产生和形成之后，行政行为又会在这些规则下进行，进而产生行政物质文化和行政行为文化。因此，行政制度文化既是行政精神文化的产物，又是行政物质文化和行政行为文化的工具。

　　行政制度文化作为行政精神文化的产物和行政物质文化及行政行为文化的工具，一方面对行政文化的社会化过程具有重大的现实意义，另一方面也主导着行政文化的变迁。行政制度文化的变迁常常会引发行政物质文化、行政行为文化和行政精神文化的变迁，进而引起整个行政文化系统的变迁。从一定程度上看，行政文化的变迁就是行政制度文化的变迁。正如马林诺斯基所说："所有文化进化或传播的过程都首先以制度变迁的形式发生。无论是以发明的形式还是以传播的形式，新的技术装置总要被结合到业已确立的组织化行为系统之中，并逐渐对原有制度产生全部的重塑。另外，根据功能分析，我们可以证明，除非有新的需求被创造出来，任何发明、任何革命、任何社会或知识的变迁都不会发生。因而技术、知识或信仰方面的新装置都要适合于文化过程或某种制度。"①也就是说，只有行政制度或者行政制度文化的变迁才能使我们具体地理解和把握行政文化变迁的状况。所以，对于行政文化的变迁和发展来说，行政制度文化的变迁和发展是处于先行地位的。如果缺少了行政制度文化的发展，就不存在行政文化的真正变迁和发展。

　　中国在当前的行政文化框架下发展和丰富行政制度文化，必须以人为本，注重人的价值，体现人本特色。这就要求在制定行政制度和实施行政管理时要坚持以人为价值核心和社会本位，把人的生存和发展作为最高的价值目标。这里提到的人，包括行政主体、行政相对人以及其他行政参与人。只有在发展和丰富行政制度文化的每个具体环节上切实贯彻以人为本的方针，才能促进行政文化的进步，也才能促进社会的发展和进步。

---

　　① 马林诺斯基. 科学的文化理论［M］. 黄剑波，等，译. 北京：中央民族大学出版社，1999：56-57.

（3）行政行为文化

人们的行为是受一定的动机或者欲望驱使的，是有规律的。行为方式也是一种文化现象，不同的行为方式体现并受制于不同的文化特性。对行政行为规律性的研究，我们称之为行政行为文化。行政行为文化是行政文化的基本层次，是一种动态的文化体现，具有很强的实践性。

从内容来看，行政行为文化主要包括两类：一类是外部行政行为文化，即享有行政权的组织（行政主体）在运用行政权对行政相对人所做的法律行为，如行政处罚、行政许可、行政确认、行政强制、行政裁决和行政征收等的过程中产生的文化；另一类是内部行政行为文化，即行政机关工作人员与行政机关之间发生法律行为时产生的文化。

行政物质文化的创造依赖于行政行为文化的科学发展，而行政物质文化的更新与发展又促使行政行为文化不断地改革和完善。行政行为文化塑造了行政制度文化，而行政行为文化一般又是以行政制度文化为规范和保证的。综合来看，行政行为文化包括的两类内容囊括了行政组织的管理制度和领导体制运行、行政组织机构的设置以及对相关的法律、法规、规章制度的适用等；而行政制度文化正是国家为实现特定目标，对行政主体、行政相对人及其他行政参与人给予一定限制的文化，其内容正是上述行政行为所实施的对象，所以，行政行为文化直接塑造了行政制度文化。行政精神文化是行政行为文化的提炼和凝结。行政精神文化在行政文化系统中居于中心地位，它主导并决定着行政文化的其他层次。但是，行政精神文化不是凭空产生的，它是在行政实践过程中产生并发展的，是行政行为文化的结晶。行政行为文化直接影响着行政精神文化。

总而言之，行政行为文化是行政文化的有机组成部分。作为一种动态的文化形态，它影响着行政文化系统中的行政物质文化、行政制度文化和行政精神文化等几个层次。如果没有行政行为文化，就没有行政器物造设和行政公共服务产品的提供，就难以建立行政组织的管理制度、组织机构和相关的法律、法规、制度，就不会形成行政信念、行政价值观和行政精神。因此，没有行政行为文化，行政物质文化、行政制度文化和行政精神文化就无从谈起，行政文化也就不会存在了。

（4）行政精神文化

行政精神文化是在行政实践活动中，受特定的经济、政治、文化等因素影响而长期形成且被认可的一种共同的文化观念、价值观念和精神成果。它是指行政价值观、行政信念、行政理想等精神形态的东西，是行政物质文化、行政制度文化和行政行为文化的升华，在行政文化中居于核心和主导地位。

行政精神文化中所指的文化观念、价值观念等，必须是在行政实践过程中长期形成的、已经内化或者被人们所遵守的精神成果，必须是能够对行政文化系统乃至行政系统产生相对稳定、持续影响的精神成果。某些行政价值观或者行政思想原则如果仅有少数人遵守，没有外化成一种普遍的行为模式，那就不是行政精神文化。

行政精神文化主要包括以下几个方面内容：

第一，行政价值观，就是行政人员对行政活动和行政体制等的评价和看法，它主要由行政主体的价值取向、思想观念和情感态度等构成，是行政精神文化的核心。行政价值观不仅影响行政主体的行为和行政组织的行为，而且影响整个行政活动的有效性。美国组织行为学家斯布兰格认为，人的价值观可以分为六类：以知识和真理为中心的理性价值观；以外形协调和匀称为中心的审美价值观；以权力为中心的政治价值观；以群体和他人为中心的社会性价值观；以有效和实惠为中心的经济性价值观；以信仰为中心的宗教性价值观。[①]因此，选择和培养正确的价值观是行政组织生存、发展的重要条件。

第二，行政心理，是指行政主体在行政实践活动中拥有的主观意识，它主要由行政动机、行政情感、行政态度和行政习俗等要素构成。行政动机是行政主体实施（或者不实施）特定行政行为的原因，是行政作为（不作为）的内部动力。行政动机通常是行政主体以愿望、兴趣、理解等形式表现出来的。行政

---

① 竺乾威. 公共行政学 ［M］. 2版.上海：复旦大学出版社，2003：285-286.

情感是行政主体在行政实践活动中对行政客体的直观评价和内心体验，表现为好恶、爱憎以及由此产生的亲疏感和信任感等。行政态度是指行政主体在行政实践活动中持有的行为倾向，它是行政主体对某事物或工作形成的一种相对稳定的观念，主要由情感因素、认知因素和价值取向三个基本要素构成。行政习俗是历史上沿袭下来的行政活动中的观念、习惯和风俗等，它具有一定的稳定性和历史惯性。

第三，行政理想，主要是指行政主体对行政组织的发展和行政活动的实施的一种期望心理。行政理想包括行政活动的预期效益、行政组织的长远目标和追求等。

第四，行政信仰，是指人们对行政组织及行政活动予以接受、尊敬和向往的一种心理状态，它以行政价值观为指导，以行政理想为核心。行政信仰是行政行为得以实施的内在保障和动力。

第五，行政道德，是指行政主体在行政实践活动中应该遵循的道德准则。行政道德产生于各级行政机构及行政主体对社会进行行政管理活动的实践过程中，存在于行政主体从事行政活动的各个环节。由于行政道德本身具有示范性、导向性和规范性等特点，因此，行政道德的提高可以带动、影响其他各行业的职业道德，保证社会风气的良好。

第六，行政精神，指行政组织内部彼此一致的内心态度、意志状况、思想境界和理想追求，是综合行政价值观、行政理想、行政信仰和行政道德等形成的一种群体意识。行政精神是行政精神文化的高度浓缩，是行政文化的灵魂。

一般来说，把行政精神文化及其包含的六个方面的内容称为狭义的行政文化，而把行政精神文化、行政行为文化、行政制度文化和行政物质文化称为广义的行政文化。

1.2.2.2　行政文化的功能

行政文化是行政体系中的"软件"，行政文化的功能主要在于它对行政系统运行的影响，这主要包括三个方面：一是制造行政系统存在或变迁的文化环境；二是制约行政系统的行政运行过程；三是约束系统主体的行政行为。①具体来说，行政体制的运行、行政实践活动的进行以及行政人员的态度、情感、价值观等都受到特定行政文化的影响。

（1）影响、控制功能

行政文化的影响、控制功能，就是指行政文化通过一种观念的力量对行政实践活动进行着自觉或不自觉的影响、控制的功能。行政文化的影响、控制功能要求行政系统内部能够更好地实现行政目标，外部能够处理好各种复杂的社会关系，从而树立和维护良好的政府形象。行政文化对行政实践活动的影响、控制功能主要表现在：

第一，影响行政决策行为。影响行政决策的因素有很多，行政文化就是其中之一。美国当代著名政治学家罗伯特·A.达尔在分析决策者的行政决策行为时，曾列举了一系列影响因素，包括"他们当前的价值观、态度、期望和信息；他们早期的或更深层的态度、价值、信仰、意识形态、个性结构和倾向；与决策者有某种关系的其他人的价值观、态度、期望、信息、信仰、意识形态和个性；决策者达到其地位的选择、录用或进入的过程；他们遵循的决策规则、政治结构或其他社会机构——配置关键资源的经济、社会、宗教、文化和教育机构；通行的文化，特别是政治文化；影响文化、制度、结构的历史事件，等等"②。罗伯特列举的这些因素正是行政文化的主要内容，这就很好地说明了行政文化对行政决策行为有很大的影响。行政文化不但影响着行政决策的价值前提，而且影响着行政决策的方式和结果。一般来说，如果行政文化讲求民主、科学，那么该行政组织进行行政决策时就会群策群力，实事求是；反之，如果行政文化体现了浓厚的官僚主义色彩，那么行政组织进行行政决策时就会采用一些专断的方式，不会科学地进行，只是凭借经验。

第二，影响行政执行行为。行政文化对行政执行行为的影响主要体现在两个方面：一是行政文化影响行政执行的组织性。行政主体能否协调一致，行政

---

① 沈亚平，吴志成. 当代西方公共行政［M］. 天津：天津大学出版社，2004：12.
② 达尔 R A. 现代政治分析［M］. 王沪宁，陈峰，译. 上海：上海译文出版社，1987：49-50.

行为能否统一执行，受行政文化的影响很大。行政文化如果十分注重群体间的沟通协作，那么行政组织的组织性就较强；反之，行政组织的组织性就较差。二是行政文化影响行政执行的力度。行政执行行为实施时一方面受到相关行政原则、规章和制度的影响；另一方面也受到行政人员的情感态度等的影响。热情高、态度积极的行政人员在行政执行过程中主动性强，从而行政行为的执行力就较强；反之，行政执行力也就较弱。

第三，规定行政主体的行为准则。任何一个行政组织都有各种规章制度和各项活动原则，任何一个行政组织都是由众多行政人员组成的。每个行政人员都有各自不同的个性、特点、价值观等，这就使得行政人员之间不可避免地会发生摩擦、冲突。然而，各个行政组织却又在整体上有一定的秩序性，这是什么原因呢？原因就在于行政组织中的各种规章和各项活动原则为行政人员提供了行为准则，同时这些行为准则也是行政主体进行行政活动的准绳和依据，并且它还通过必要的奖惩制度对行政行为进行奖励和惩罚，从而督促行政主体遵守行政制度，促使行政人员的行为趋于合法化、合理化。除此之外，在行政体系中，行政道德在很大程度上也影响着行政主体的行为，这突出表现在当各种利益，如个人利益和国家利益、局部利益和整体利益、短期利益和长远利益等发生冲突时，在不同的行政道德驱使下的行政行为方式及结果是不同的。当然，行政道德对行政主体的规范作用远没有行政原则、规章、制度那样直接、有力，但是作为相对稳定的行政精神文化，它深层次的影响力又是行政原则、规章、制度所不能及的。

第四，规定行政主体的价值取向。行政价值观是行政精神文化的核心，它主要由行政主体的价值取向、思想观念和情感态度等构成。这无疑就使行政文化具有了价值导向功能，也就是说，行政文化为行政主体提供了一定的价值取向和行为模式。不同的行政价值观形成不同的价值取向和行为模式。高度集权的行政组织等级观念很强，这就导致行政主体唯上是从、唯权是从，行政实践活动几乎没有创新性。民主意识较强的行政组织则比较重视组织成员之间的沟通和协作，行政主体也具有较大的积极性和创造性。行政价值观不仅影响行政主体的行为，而且影响整个行政活动的有效性。

以上几个方面只是行政文化的影响、控制功能比较突出的表现，可以说，行政文化的各个层面都有一定的影响、控制功能，只是表现有强有弱罢了。

（2）聚合功能

行政文化是一种群体文化，先进的行政文化寄托了全体行政人员的理想和希望。行政文化越先进，行政人员对组织的归属感越强，行政组织的凝聚力就越强。所谓行政文化的聚合功能，是指行政文化能够使行政人员为了实现共同的行政目标，追求共同的行政理想而齐心协力、紧密团结的功能。行政文化的聚合功能主要表现在两个层面：第一是团结行政人员；第二是促使行政人员为提高行政效率和增强行政效益而努力工作。其中第一个层面是基础，第二个层面是目的，二者缺一不可。

第一，行政理想能够为行政组织确立凝聚点。事物要凝聚，必定会有一个凝聚点，只有这样，事物的各个构成要素才能找准自己的方向向这个凝聚点靠拢。从文化层面上讲，行政组织的凝聚点就是行政理想。行政理想是指行政主体对行政组织发展和行政活动实施的一种期望心理，主要包括行政活动的预期效益、行政组织的长远目标追求等。明确行政理想，行政组织就能产生更多的向心力和推动力，行政组织成员也就有了行动的目标，就能更加积极地为行政理想而努力。在先进的行政文化中，行政理想是科学而高尚的，它反映了行政人员共同的行政价值观、行政信仰、行政道德等，因此具有十分强大的影响力和号召力。因此，行政理想能够促使行政人员在行动方向上保持一致，从而能够强化行政执行力度，提高行政效率，增强行政效益。

第二，行政价值观能够使行政组织产生凝聚力。行政系统在其运行过程中必然会形成一种对行政活动和行政体制进行评判的、被行政人员所共同认可的团体意识，这就是行政组织所共享的价值观。这种共享的价值观反映出行政主体评判行政活动和行政体制的一致性，反映出不同行政主体之间有共同的利益存在，这就必然使得行政主体的行为方向一致，从而加强了行政组织的凝聚力。当然，相同的行政信仰也能够使行政组织产生凝聚力，因为行政信仰是以行政价值观为指导、以行政理想为核心的。

　　总而言之，一种先进的行政文化必然能够发挥良好的聚合功能，促使行政组织的向心力和凝聚力增强。这样，行政组织人员就能够紧密团结，共同实现行政目标。

　　行政文化的功能很广泛，不止是上面述及的几个方面。还有学者认为行政文化具有运作功能，也就是行政文化会因社会因素的变化而不断更新变化，而更新变化了的行政文化又是行政系统发展的重要动力。此外，行政文化的功能还包括满足功能、认识功能、改造功能和导向功能等。[①]行政文化的各项功能在发挥功用的时候并不是独立进行的，而是相互交织着综合发挥的。行政文化的功能是十分巨大的，这也就是我们研究构建新时代行政文化的意义所在。

---

① 刘怡昌. 中国行政科学发展［M］. 北京：中国人事出版社，1996：286-288.

[2]

行政文化传播与价值整合

　　行政文化的传播是一种特殊的行政实践,这要求我们从历时性的历史视阈和共时性的空间视阈去研究行政文化。行政文化的传播还包括传统行政文化向现代行政文化的历时性演进,以及国外行政文化与国内行政文化的共时性交往、交流。行政文化的传播是行政文化的生命力所在。行政文化传播有可能会造成行政价值冲突,因此,需要加强主流行政文化对非主流行政文化及其内含的行政价值的引领和整合。在我国,主流行政文化是指以习近平新时代中国特色社会主义行政管理体系建设思想为核心的行政文化,非主流的行政文化主要是指中国传统行政文化和国外行政文化。

2.1　行政文化的传播及其必要性

2.1.1　行政文化的传播及其要素和方式

2.1.1.1　行政文化传播的界定

　　有学者结合行政文化和文化传播的概念,把"行政文化传播"定义为:行政文化传播是指处于同一社区环境内部的行政主体和社会公众(即行政客体)

编译行政亚文化符号，并运用媒介手段传播对行政系统运行起支配作用的观念体系和概念设计，最终促进核心概念和价值观念在行政主体与客体之间流动、共享和一致的过程。并进一步指出，这一定义主要涉及了三个层面：第一，技术层面的行政文化传播，主要指基于符号系统编码、译码的差异，促使不同的文化要素在行政主体和客体之间流动、共享、渗透；第二，行为层面上的行政文化传播，处于同一社区文化背景的行政主体与行政客体在日常行为互动过程中的矛盾、冲突与解决方式；第三，行政主体和客体通过符号体系和行为体系的互动最终完成价值体系和核心观念的碰撞、互动，促进文化和社会的整合变迁。①

上述对行政文化传播的定义和认识侧重于从传播学的视角审视。这种审视的优点是能很确切地对行政文化传播的诸多要素（如主体、客体、载体、方式、过程等）进行把握，有助于确定的行政主体与行政客体之间的行政文化的传播。但是，这种对行政文化传播的审视因其视角单一，故而窄化了对行政文化传播的认识。首先，对行政文化传播的审视，除了从传播学视角展开外，还可以从文化人类学、哲学等视角展开。比如有学者认为，"文化在本质上是指支配一个共同体内人们的活动及其创造物的内在精神或观念体系。真正将不同民族、族群区别开来的，不是静止的器物、制度等文化表象，而是隐藏其后起支配作用的'共同的观念体系'或'概念设计'。行政文化就是文化人类学的知识在公共行政领域的应用。"②从哲学的视角审视，可以把行政文化的传播理解为一种特殊的行政实践。作为行政实践的行政文化传播就是行政主体的存在方式，存在于行政实践所涉及的社会生活的各个领域；作为行政实践的行政文化传播以人际、府际及国际之间的交往和交流而存在，认为通过不同方式的传播是行政文化的生命力所在；作为行政实践的行政文化传播要求我们从历时性的历史视阈和共时性的空间视阈去研究行政文化。其次，行政文化的传播不只存在于确定的行政主体与行政客体之间，行政文化从确定的行政主体传播到确

① 刘然. 行政文化传播主客体间的价值冲突研究［D］. 长沙：中南大学，2013.
② 宋瑞芝. 行政文化涵义再探讨——基于文化人类学的视角［J］. 中国行政管理，2009（12）.

定的行政客体，这只是行政文化传播的一种状态。如果我们从历史视阈和空间视阈去审视行政文化，那么行政文化的传播还包括传统行政文化向现代行政文化的历时性演进，以及国外行政文化与国内行政文化的共时性交往、交流。最后，从传播学视角界定的行政文化传播，窄化了行政文化的内涵，只是对行政精神文化的传播。除了行政精神外，行政文化的传播还包括行政物质文化、行政制度文化和行政行为文化的传播。所以，可以把从传播学视角界定的行政文化传播理解为狭义的行政文化传播，而从包括传播学、文化人类学和哲学视角对行政文化学的认识理解为广义的行政文化传播。

2.1.1.2　行政文化的传播要素及方式

此处，行政文化的传播是指广义的行政文化传播。传播是行政文化的生命力，唯有传播，行政文化才能获得交流、交往，进而才能获得继承、发展与进步；唯有传播，行政文化才能流动、共享，进而才能在行政实践中发挥应有的作用。

（1）行政文化的传播要素

行政文化传播的基本要素包括以下几种可能性：

第一，"三要素说"，即认为行政文化传播的基本要素包括传播者、信息和受众。这是根据美国传播学科的集大成者和创始人，被誉为"传播学鼻祖""传播学之父"的威尔伯·施拉姆的传播学要素说概括出来的。他建立了世界上第一个大学的传播学研究机构和第一个传播院系，编撰了第一本传播学教科书，授予了第一个传播学博士学位，也是世界上第一个拥有传播学教授头衔的人。

第二，"四要素说"，即认为行政文化传播的基本要素包括传播者、受众、信息和传播媒介四种。这是根据我国学者梅荣政的观点概括出来的。

第三，"五要素说"，即认为行政文化传播的基本要素由传播者、受众、信息、传播媒介和受众反馈构成。这是根据美国心理学家、心理语言学的先驱查尔斯·埃杰顿·奥斯古德的相关观点概括出的。

第四，"六要素说"，即认为行政文化传播的基本要素包括传播者、接收（受）者、把关者、行政文化、传播情境和传播媒介。这是根据我国学者邓卓明对传播学的相关成果概括出的。

在这四种要素说中，行政文化传播的传播者通常是指行政主体，包括行政管理者、行政执法者等，是行政文化传播行为的主动者。行政文化传播的信息是指传播的行政文化的内容，具体包括行政文化的四种构成要素，即行政物质文化、行政制度文化、行政行为文化和行政精神文化，这具有客观性。行政文化传播的受众或接收（受）者既包括行政客体，即行政管理、行政执法的被动受众，也包括对行政文化客观信息的主动学习者，即行政主体。行政文化传播的传播媒介指传播所凭借的手段或工具，是行政文化得以传播的载体，也是在传播过程中连接行政文化与传播者、受众或接收（受）者的纽带。在行政文化传播系统中，传播媒介是多种多样的，包括口头媒介、书面媒介和电子媒介等。行政文化传播的受众反馈是指行政管理、行政执法的被动受众把对行政文化的作用、体验等反馈给行政主体。行政文化传播的把关者指的是决定某种行政文化要不要、应不应该被传播、被学习的决策者。行政文化的传播会造成行政价值冲突，所以对行政文化的传播要慎重，要"把关"，这种把关可能是被动的，也可能是主动的。行政文化传播的把关者既包括行政文化传播主体，也包括行政文化的主动学习者。行政文化传播的传播情境主要是行政文化在何种情境中进行传播，它既包括比较宽泛的传播环境，也包括具体而特定的传播语境。不同的传播情境和媒介，会形成不同的行政文化传播方式。

上述四种行政文化传播的基本要素，在现实的行政文化传播过程中都有可能存在。但从理论上讲，行政文化传播的基本核心要素只包括信息和接收者。

（2）行政文化的传播方式

行政文化的传播方式包括以下两种分类：第一，两分法，即行政文化的传播方式包括行政文化的人际传播和大众传播。行政文化的人际传播适用于接受行政文化的受众是特定的且人数较少的情景，比如通过信访活动、听证会等行政行为进行行政文化传播。行政文化的大众传播适用于信息受众不是特定的且人数众多的情景，比如通过某种含有行政文化的建筑以及行政制度、法律法规等对行政文化的传播。行政文化的人际传播一般都有特定的行政主体和行政客体，传播意图比较明显，但行政文化的大众传播的传播意图不是很明显，甚至没有传播意图，只是因行政文化的学习者、接收者主动传播而形成。第二，三分法，即行政文化的传播方式包括行政文化的人际传播、大众传播和网络传播。人际传播指行政文化的面对面地直接传播，传播载体是口头话语；大众传播是指依靠传统的传播载体，如电视、广播、书籍、报刊等进行行政文化传播；网络传播则指依靠现代网络技术进行行政文化传播。这种分类方式是依据不同的传播媒介即载体而进行划分的。因此应该重视行政文化传播媒介的重要性，不同的传播媒介适用于不同的传播方式，媒介不同，传播效果亦不同。

此外，还有一种行政文化传播的分类方式，将行政文传播分为行政文化的直接传播和间接传播。直接传播适用于传播的主客体在同一场合的情景，而间接传播适用于传播的双方不在同一场合的情景，这两种传播方式下又有不同的传播媒介。大多数情况下，人际传播属于直接传播，大众传播属于间接传播。

值得注意的是，在主动的行政文化传播过程中，即人际传播、大众传播、网络传播及直接传播中，我们应该重视传播媒介的重要性。1964年，加拿大传播学家马歇尔·麦克卢汉的《理解媒介——论人的延伸》一书出版之后，其所论及的媒介对人的思想意识和行为动态的影响引起了学界的广泛关注。他提出的"媒介即讯息"、"环球村"、"电子媒介是人的中枢神经系统的延伸"及"部落化—非部落化—重新部落化"等观点，对我们研究行政文化传播具有重要的借鉴意义。

2.1.2 行政文化传播的必要性

既然行政文化的传播会造成行政价值冲突，那么为什么行政文化还要传播？行政文化传播的必要性何在？虽然我们认为传播是行政文化的生命力，但是这只是文化传播的共同属性。行政文化传播的必要性主要体现在下述几个方面：

第一，行政文化的传播是行政文化的功能得以发挥作用的前提。邓小平曾指出："尤其是生产关系和上层建筑的改革，不会是一帆风顺的，它涉及的面很广，涉及一大批人的切身利益，一定会出现各种各样的复杂情况和问题，一定会遇到重重障碍。"①这是邓小平同志关于"改革即革命"这一命题的最初提法。各种改革之所以是革命，是因为改革过程中阻力很大。而行政文化具有的影响、控制以及聚合功能对于行政主体、行政客体以及行政实践都是有效的，在改革过程中能起到革新和提升人民政治和行政素养，促进改革尤其是行政体制改革有效进行的作用。但是，行政文化功能的实现、作用的发挥必然要以行政文化的传播为前提。

从1982年至今，我们已经经历了多次较大的行政体制改革：1982年我国进行了第一次行政体制改革，其主要任务是精简机构、减少编制和领导职数。1988年的第二次改革是围绕转变政府职能展开的，为市场经济的健康发展而进行，把计划经济体制下的政府职能逐步转变为适应市场经济发展需要的新职能。随着市场经济的不断发展，我国于1993年进行了第三次行政体制改革，主要是改革、建立社会主义市场经济体制需要的宏观行政体制。第四次行政管理体制改革是在亚洲金融危机的背景下，主要围绕金融、投资、外贸行业和领域展开，撤并了与之相关的行政部门，大幅度压缩了行政编制，这是为了应对金融危机对我国的冲击，发生在1998年。2003年行政体制改革的最主要贡献是提出了简政放权和行政审批制度改革的历史任务，下放了60%以上的各种审批权。第六次是2008年进行的大部制改革，将原来分工比较细的部门合并为大部委，解决机构臃肿、职能交叉等问题。党的十九大也提出了深化机构和行政体制改革的要求，包括统筹考虑各类机构设置，科学配置党政部门及内设机构权力、明确职责。统筹使用各类编制资源，形成科学合理的管理体制，完善国家机构组织法；转变政府职能，深化简政放权，创新监管方式，增强政府公信力和执行力，建设人民满意的服务型政府；赋予省级及以下政府更多自主权；在省市县对职能相近的党政机关探索合并设立或合署办公；深化事业单位改革，强化公益属性，推进政事分开、事企分开、管办分离。②可见，行政体

① 邓小平. 邓小平文选：第二卷 [M]. 北京：人民出版社，1994：152.
② 习近平. 决胜全面建成小康社会 夺取新时代中国特色社会主义伟大胜利——在中国共产党第十九次全国代表大会上的报告 [M]. 北京：人民出版社，2017：39.

制改革及其深化是社会主义市场经济、政治发展、社会发展等的客观需要，而行政体制改革及其深化又包括行政职能、行政机构以及行政主体的工作方式等方方面面的改革。这些都离不开行政文化的控制、影响和聚合功能。通过行政文化的传播以及行政文化的控制、影响和聚合功能，使体现时代精神、突出服务意识的行政文化贯穿于行政组织的工作和管理理念之中，植根于行政主体的从业精神之中。因此，行政文化的传播是行政文化的功能得以发挥作用的前提。

第二，行政组织的建设、发展需要行政文化的传播。行政文化的传播对于行政主体而言，是他们学习行政知识、树立正确的行政价值观、塑造行政角色的过程。这个过程对于行政主体而言是十分必要的。行政组织的运行、行政行为的执行是否合法、有效、公正、公开等，都与行政文化的传播密切相关。行政组织只有学习、构建与社会经济发展相适应的行政文化，才能得到良性发展，而这个过程离不开行政文化的传播。这就像企业组织等其他社会组织的建设、发展都需要特定的组织文化一样，对于行政组织而言，这个过程离不开行政文化的传播。

行政文化的传播过程，其实就是行政知识、行政心理、行政价值、行政思想、行政道德等交流、发展的过程。行政主体是国家和社会公共事务治理的主导者，是依法行政的主体，行政知识、行政心理、行政价值、行政思想、行政道德等的状况如何，直接影响到政府职能的发挥、政府公信力的树立。通过行政文化传播，行政主体可以强化服务意识、法治意识、自律精神，可以强化公共责任感，这都有助于提高行政质量和行政效率，从而有助于行政组织的发展。

行政文化的传播过程与行政文化的社会化过程是同一过程。行政文化社会化是指以行政组织为主体，通过多方配合，将行政管理过程中的价值观念、信仰、态度感情以及行为方式等传递灌输给行政人员或社会成员，以形成共同的行政文化观念的过程，同时也是行政人员和社会成员根据其自身的理解和认知去内化、影响行政文化的过程。行政文化的社会化是一个主体与客体互动的过程，是一个持续反复的过程，只有在互动的过程中，行政文化才能不断完善和发展，只有持续反复地进行，才能深化人们的认知和理解。①这个行政主体与客体互动的反复过程、互动过程，就是行政文化传播的过程。可以说，行政文化的传播是有效连接行政主观认识领域和行政实践领域的必要条件，对行政组织的建设、健康发展至关重要。

第三，行政文化的传播，是贯彻落实习近平新时代中国特色社会主义行政管理体系建设思想的必然要求。习近平总书记在党的十九大报告中指出，新时代全面深化改革的目标是完善和发展中国特色社会主义制度、推进国家治理体系和治理能力现代化。行政管理体制改革作为全面深化改革的重要内容，是推进国家治理体系和治理能力现代化的必然要求。党的十九大报告在"健全人民当家作主制度体系，发展社会主义民主政治"部分中，明确指出要"深化机构和行政体制改革"。国家行政管理体系包括行政组织体系、行政职能体系、行政监督体系和行政法治体系，具体体现为政府依据宪法和法律，为了管理经济、政治、文化、社会和生态领域事务而设置的一系列机构和制度体系。建立优化高效协同的新时代中国特色社会主义行政管理体系，是推进国家治理体系和治理能力现代化的重要内容。党的十八大以来，以习近平同志为核心的党中央在坚持和发展中国特色社会主义、推进国家治理体系和治理能力现代化的伟大实践中，总结我国行政管理体系建设的成功经验，把握共产党执政规律、社会主义建设规律和人类社会发展规律，广泛吸收古今中外政府治理有益要素，形成了习近平新时代中国特色社会主义行政管理体系建设思想。②

习近平新时代中国特色社会主义行政管理体系建设思想的主要内容包括如下几个方面：新时代中国特色社会主义行政管理体系建设的动力——经济供给侧改革和深化经济体制改革的迫切需要，是深化行政管理体制改革的根本动因；全面加强党的领导，实现中国特色社会主义的本质规定，是深化行政管理体制改革的政治动因；满足人民群众对美好生活的需要，是深化行政管理体制

① 张清博. 行政文化及其社会化问题研究 [D]. 济南：山东大学，2008.
② 中国行政管理学会课题组. 习近平新时代中国特色社会主义行政管理体系建设思想研究 [J]. 中国行政管理，2018（6）.

改革的发展动因；优化行政权力结构，防止行政权力滥用，是深化行政管理体制改革的治理动因；全球化背景下国际竞争的加剧，是深化行政管理体制改革的国际动因。新时代中国特色社会主义行政管理体系建设的目标——总体目标是：构建系统完备、科学规范、运行高效的党和国家机构职能体系，形成总揽全局、协调各方的党的领导体系，职责明确、依法行政的政府治理体系，中国特色、世界一流的武装力量体系，联系广泛、服务群众的群团工作体系，推动人大、政府、政协、监察机关、审判机关、检察机关、人民团体、企事业单位、社会组织等在党的统一领导下协调行动、增强合力，全面提高国家治理能力和治理水平。具体体现为优化高效，紧扣党和国家治理关系，实现党对政府工作的全面领导；统筹规划、严格落实机构编制改革，实现行政组织体系科学化；简政放权、协同市场和社会主体，实现行政职能体系现代化；全流程、全方位贯彻依法行政，实现行政法治体系规范化；全覆盖、全天候加强监督，实现行政监督体系常态化。新时代中国特色社会主义行政管理体系建设的根本方向和原则——新时代行政管理体系建设必须沿着中国特色社会主义道路，实现中国特色社会主义的不断完善和发展；建设新时代中国特色社会主义行政管理体系，必须坚持党的全面领导的根本原则，必须坚持以人民为中心的原则，必须坚持全面依法治国的原则，必须坚持优化协同高效的原则。新时代中国特色社会主义行政管理体系建设的路径和举措——理顺（党的机构与政府机构、政府与市场、政府与企业、政府与社会组织、国家行政机关内部的机构与编制、中央与地方、行政机关与事业单位）关系、统筹设计，积极推进机构和编制改革；全面推进政府职能转变，建设人民满意的服务型政府；建立和完善国家监察体系，切实强化对行政机关的监督与监察；坚持全面依法治国、依法执政、依法行政，加快建设法治政府。新时代中国特色社会主义行政管理体系建设的评价标准——习近平总书记在中央全面深化改革领导小组第二十一次会议上，提出检验改革成败的新标准："把是否促进经济社会发展、是否给人民群众带来实实在在的获得感，作为改革成效的评价标准。""两个是否"的评价标准，集中体现了党对深化改革和发展理念的深入思考，体现了习近平总书记对人民群众切身利益的深切关怀，是新时代中国特色行政管理体系建设的根本评价标准。①

习近平新时代中国特色社会主义行政管理体系建设思想，是新时代行政管理体系建设的根本指南，必须在深入行政体制改革中贯彻落实习近平新时代中国特色社会主义行政管理体系建设思想，而行政文化的传播有助于习近平新时代中国特色社会主义行政管理体系建设思想的学习宣传与贯彻落实。

2.2 行政文化传播的价值冲突及价值整合

2.2.1 行政文化传播造成的行政价值冲突

行政文化传播有可能会造成行政价值冲突。行政价值冲突是指由于被传播的行政文化的差异性所导致的它们所包含的行政价值之间发生冲击、对抗的现象。行政文化传播造成的行政价值冲突表现为两大类：一类是行政文化内含的价值之间的冲突，比如中国传统行政文化中的价值因素与现代行政文化中的价值因素的冲突，又比如国外行政文化中的价值因素与我国行政文化中的价值因素的冲突；另一类是被传播行政文化内含的行政价值与受众、接收者（主动学习者）原有的行政价值的冲突。行政文化传播造成的行政价值冲突是行政文化传播系统的深层矛盾，是客观存在的。

行政文化传播造成的行政价值冲突最终体现为行政主体与客体之间的行政价值标准、行政价值取向、行政利益关系等观点的冲突。行政主体和客体各自原本有着稳定的行政价值观念，当行政文化传播致使他们的行政价值发生改变时，行政价值冲突就会表现出来，即行政主体和行政客体在行政文化符号传播和行政文化行为传播过程中出现不协调、抵触乃至对抗的现象。②

① 中国行政管理学会课题组. 习近平新时代中国特色社会主义行政管理体系建设思想研究 [J]. 中国行政管理，2018（6）.
② 刘然. 行政文化传播主客体间的价值冲突研究 [D]. 长沙：中南大学，2013.

整体看来，行政文化传播造成的行政价值冲突主要包括以下几个方面：

第一，后现代主义与马克思主义之间的冲突。

后现代主义是20世纪60年代以来在西方出现的一种文化哲学和精神的价值取向，以批判"现代化"为主要内容，以"反理性"、"去中心化"和"非确定性"为主要特征，消解"中心与边缘的对立"和"权威话语"，主张怀疑和否定的思维方式，提倡多元性和宽容性。后现代主义主张多重化的理论视角，否定"元话语"和"元叙事"，解构"单一"的主流价值形态，提倡价值理念和价值判断多元化，否定核心价值观。后现代主义价值评价标准模糊，否认一切同一性和确定性，主张多元性和差异性，它主张对一切"现代化"的否定，消解"本质"和"去中心化"，使人们对现有的社会秩序、道德传统和价值观念产生怀疑。①

可见，后现代主义与马克思主义之间存在冲突。首先，后现代主义是一种反理性主义，而马克思主义是理性主义的。马克思主义是关于全世界无产阶级和全人类彻底解放的学说。马克思主义是马克思、恩格斯对自然科学、思维科学和社会科学理性批判的伟大成果。它由马克思主义哲学、马克思主义政治经济学和科学社会主义三大部分组成，是马克思、恩格斯在批判地继承和吸收人类关于自然科学、思维科学、社会科学优秀成果的基础上于19世纪40年代创立的，并在实践中不断地丰富、发展和完善的无产阶级思想的科学体系。其次，后现代主义拒斥元叙事或宏大叙事，通过强调区域本体论或个性和差异性来否定马克思主义的普遍真理性和马克思主义主张的人类解放。后现代主义认为，马克思主义等普遍主义的特点，在认识领域表现为在客观世界和主观世界获得普遍使用的真理，在实践领域则表现为实现普遍的人类解放、走向作为终极目标的自由王国，而所有这一切都是不存在的。后现代主义还认为，马克思主义等普遍主义是其推行政治、经济、文化霸权的有力武器，故而普遍真理和人类解放的口号就是对人的愚弄。②最后，后现代主义消解"中心与边缘的对

---

① 林峰. 后现代主义思潮与我国青年核心价值观塑造［J］. 思想政治教育研究，2017（1）.
② 王常柱，李玉萍. 后现代主义对现代价值观的解构与建构［J］. 玉溪师范学院学报，2014（2）.

立"和"权威话语",解构"单一"的主流价值形态,都与以马克思主义为指导的核心价值观相冲突。

西方行政文化的主要内容之一就是后现代主义,而我国的行政文化是以马克思主义为基础和指导的。在行政文化的传播过程中,西方行政文化的后现代主义与我国行政文化的马克思主义必然会出现冲突。

第二,工具理性与价值理性之间的冲突。

所谓工具理性,就是"通过对外界事物的情况和其他人的举止的期待,并利用这种期待作为'条件'或者'手段',以期实现自己合乎理性地所争取和考虑的作为成果的目的"。简言之,就是人们基于功利目的的驱使而创造工具、选择工具以及使用工具的经验和能力。工具理性关注效率,讲求效益,注重工具的实践操作性与现实可行性,但却很少关注工具本身的价值性、道德性与审美性,是一种典型的"自我利益的理性"。相反,价值理性则是人们对于自身实践活动目的与意义的自觉把握,融合了人类社会经济、政治、文化等多方需要。它崇尚道德理想,主张通过有效的、正直的、合理的手段来发展科学,促进人与人、人与自然、人与社会的全面自由和谐发展,因而是一种"非自我利益的理性"。其实,在一定程度上二者是辩证统一的关系,工具理性促进社会技术进步与发展,而价值理性成为社会和谐发展的保障。但综观科技和社会的发展过程,工具理性的位置日益彰显,"完全从技术的视角去看待事物,完全受制于技术的视野,自觉或不自觉地按照技术的需要去行动"。①

在国外行政文化向我国传播的过程中,国外行政文化中包含的工具理性的内容,以及我们学习、接收西方行政文化的过程中,都会出现工具理性与价值理性冲突的问题。马克斯·韦伯认为,价值理性即"通过有意识地对一个特定的行为——伦理的、美学的、宗教的或做任何其他阐释的、无条件的固有价值的纯粹信仰,不管是否取得成就"。它不像工具理性那样注重效率和利益,它在行为过程中重点关注的就是"价值"这两个字,注重人自身的属性和本质,

---

① 裴慧敏. 信息化条件下的社会主义行政文化建设 [D]. 长沙:长沙理工大学, 2008.

价值理性可以体现出一个人对于社会的价值思考，更体现了一个人对价值的理性思考。工具理性与价值理性的冲突在行政文化中的体现主要包括：首先，"机器式管理"的危害。"机器式管理"指的是把一个行政管理系统看作是一个冰冷的没有感情的机器，在这个机器身上，各个零件只能在各个位置上发挥它们各自的功能和作用，彼此之间不可共生和互通。工具理性模式下的组织系统，组织内部的运作就是这种机械化的关系，互相之间不共通，各个岗位上的人员就像机器人，在工作中不会投入更多的激情和精力，当然也不会有饱满的热情，在工作过程中缺乏干劲、缺乏创新，一切都是在一个既有秩序却又死气沉沉的环境下运行。其次，形式主义的误导。形式主义在工具理性主义影响下的行政管理体系中很容易滋生。在官僚制中，规章制度是其运行的制度基础，甚至对政府的规章制度过分地强调、过分地崇拜，导致了这种形式主义掩盖了价值理性的内在价值。组织成员对组织内部的规章制度都自觉地严格遵循着，他们为组织内部的工作营造了井井有条的和谐氛围，对制度的遵循也渐渐地趋向了简单地完成任务，保证整个组织机制高效有序的协调运转。久而久之，形式主义就这样形成了。①

此外，我们在学习西方行政管理技术电子政务的时候，首先侧重于在形式层面学习电子政务的技术，这也在一定程度上造成了工具理性与价值理性的冲突。工具理性又叫技术理性，是技术的本质特征。我们在学习西方电子政务的过程中，侧重于在技术和手段层面学习电子政务的硬实力，而忽视与之相配套的软文化，造成了重技术理性而轻价值理性的现象，根本上不利于我国行政文化的发展，也不利于我国行政管理体制的发展。

行政文化造成的行政价值冲突除了上述的两个方面外，还包括中国传统行政文化与现代行政文化在传播交流中带来的诸如民主法治与传统人治的冲突、功利主义与伦理至上主义冲突、平等观念与等级观念的冲突、开放要求与封闭传统的冲突、竞争意识与"中庸"信条的冲突等，也包括西方行政文化与我国

---

① 吴育林. 当代中国价值问题与价值重构 [M]. 北京：人民出版社，2014：20-22.

传统行政文化之间的冲突，比如"治民"观念与"民治"观念的冲突、"强行政权力"观念与"弱行政权力"观念的冲突、"以法治国"观念与"依法治国"观念的冲突、"官财一体"的"礼制"与"廉洁行政"观念的冲突、官僚主义与官僚制精神的冲突等。这些内容会在后文中详细讲到。

2.2.2 主流行政文化对行政文化传播的价值整合

对行政文化传播造成的价值冲突进行研究，其中一个主要的研究内容就是要注意行政文化传播造成的价值冲突与主流行政文化之间的关系，加强主流行政文化对非主流行政文化及其内含的行政价值的引领和整合。主流行政文化对行政文化传播的价值整合，指主流行政文化对多样化的非主流行政文化的传播采取一种理性态度，以开放的姿态反省、调整和超越自身的理论自觉行为，是文明社会主流行政文化构建的普遍方式。在我国，主流行政文化是指以习近平新时代中国特色社会主义行政管理体系建设思想为核心的行政文化，非主流的行政文化主要是指中国传统行政文化和国外行政文化。

2.2.2.1 主流行政文化对行政文化传播价值整合的必要性

主流行政文化对行政文化传播价值的整合，是由行政文化传播带来的价值冲突决定的。行政文化传播造成的价值冲突，特别是国外行政文化传入国内过程中造成的价值冲突，如后现代主义与马克思主义之间的冲突、工具理性与价值理性之间的冲突，如果不坚持习近平新时代中国特色社会主义行政管理体系建设思想，那不仅不利于我国新时代行政文化构建，也不利于我国行政体制发展，还可能危及我国的文化安全。

在经济全球化时代，信息网络技术迅速发展，世界各国不同文化类型之间的相互交流、冲突、渗透及融合是不可避免的，为中国发展面向现代化、面向世界、面向未来的，民族的、科学的、大众的社会主义文化提供了良好的条件。但是，在不同的文化交互作用的过程中，也有个别奉行霸权主义和强权政治的西方国家为达到经济和政治上的目的，不断推行"文化殖民"政策，形成了日益严重的"文化帝国主义"倾向。它们在世界其他国家和地区传播自己的文化价值观念和生活方式，以损害本土文化为手段，图谋在新的历史条件下以新的方式延续和强化帝国主义和霸权主义对全世界的影响和控制。作为发展中国家的中国，由于在文化、意识形态、社会制度、国家利益等诸多方面与西方发达国家存在着较为明显的分歧，自然而然地成为某些霸权主义国家进行文化渗透和文化颠覆的主要目标之一。这就决定了中国在新世纪必然面临来自外部的严峻的文化安全问题。①

西方行政文化中以"反理性"、"去中心化"和"非确定性"为主要特征的后现代主义价值观念，提倡多元性，消解权威性，解构"单一"的主流价值形态，提倡价值理念和价值判断多元化，否定核心价值观。这种行政文化如果全盘传入我国，势必会削弱马克思主义在我国的理论基础、理论遵循和理论指导地位。这种行政文化的传播很有可能是西方文化霸权主义和殖民主义的图谋，试图否定社会主义核心价值观，消解甚至取代马克思主义在意识形态领域的主导地位。在这种情况下，我国的行政文化认同出现危机，会引发文化安全问题。

人类社会发展的历史表明，对一个民族、一个国家来说，最持久、最深层的力量是全社会共同认可的核心价值观。社会主义核心价值观是当代中国精神的集中体现，凝结着全体人民共同的价值追求。社会主义核心价值观具有先进性，体现在它是社会主义制度所坚持和追求的核心价值理念。社会主义制度建立在生产资料公有制的基础之上，消灭了剥削制度，劳动人民成为国家的真正主人，是人类社会迄今为止最先进的社会制度。社会主义核心价值观反映着我国社会主义基本制度的本质要求，渗透于经济、政治、文化、社会、生态建设的各个方面，是我国社会主义制度的内在精神之魂。作为人类社会最为先进社会制度的本质规定在价值层面的集中反映，社会主义核心价值观代表着当今时代人类社会的价值制高点。社会主义核心价值观具有人民性，体现在它代表了最广大人民的根本利益，反映了最广大人民的价值诉求，引导着最广大人民为

---

① 裴慧敏. 信息化条件下的社会主义行政文化建设［D］. 长沙：长沙理工大学，2008.

实现美好社会理想而奋斗。马克思主义最根本的政治立场就是始终站在广大劳动人民的立场上，以广大劳动人民的解放为旨归，竭尽全力为人民求福利、谋利益，鲜明的人民性使得社会主义核心价值观具有强大的道义感召力。文化的力量，归根到底来自于凝结其中的核心价值观的影响力和感召力；文化软实力的竞争，本质上是不同文化所代表的核心价值观的竞争。现在，越来越多的国家把提升文化软实力确立为国家战略，价值观之争日趋激烈。

如果习近平新时代中国特色社会主义行政管理体系建设思想不对西方行政文化在我国的传播进行价值整合，我们将失去作为人民价值最大公约数的、共同的、稳定的核心价值观，马克思主义的指导地位也可能会丧失，我们将会遭遇外来文化的洗劫，社会上将会有各种不同的、相互冲突的价值观念存在，这会引发国家文化安全问题，进而会引发整个社会的安全，所以，主流行政文化对行政文化传播进行价值整合是十分必要的。

此外，对行政文化传播进行价值整合，也是主流行政文化健康发展、维持主流地位的需要。主流行政文化只有以不断开放、创新的态度对待不同类型的非主流行政文化传播，兼容并蓄、与时俱进，才能健康发展，才能焕发新的生命力。开放性是马克思主义文化观的基本要求。作为我国主流行政文化的习近平新时代中国特色社会主义行政管理体系建设思想也必须保持开放性的态度，对其他行政文化的传播进行必要的价值整合。

2.2.2.2 主流行政文化对行政文化传播价值整合的可行性

作为我国主流行政文化的习近平新时代中国特色社会主义行政管理体系建设思想对其他行政文化的传播进行价值整合的可行性，源自习近平新时代中国特色社会主义行政管理体系建设思想自身的理论特征。

第一，习近平新时代中国特色社会主义行政管理体系建设思想的体系结构严密、系统完备、逻辑严谨。党的十八大以来，以习近平同志为核心的党中央在治党治国治军、内政外交国防等多领域成绩斐然，确立了国家、政府和社会治理现代化的战略和路径。习近平新时代中国特色社会主义行政管理体系建设思想正是在这些战略和路径确立和实施过程中形成的。就其内容来看，从总目标、近期目标到具体举措，从新发展观到价值追求，从改革动力到治理方略，涵盖了行政管理体系建设的全部内容，由此形成了系统完备、结构严密和逻辑严谨的理论思想。

第二，习近平新时代中国特色社会主义行政管理体系建设思想的理论创新坚持根本、遵循原理、尊重实践。习近平新时代中国特色社会主义行政管理体系建设思想运用马克思主义基本原理、方法、观点来分析和指导社会主义国家治理实践。在行政管理体系建设问题上，以人民为中心、以社会主义初级阶段为国情依据，坚持国家治理、政府治理和行政管理的核心领导是中国共产党。在建设、发展和改革实践中，审慎分析实际情况，遵循规律、科学统筹、循序渐进。因此，习近平新时代中国特色社会主义行政管理体系建设思想是坚持根本和遵循规律的实践凝练。

第三，习近平新时代中国特色社会主义行政管理体系建设思想的价值定位是坚持以人民为中心的发展理念。习近平总书记指出："人民立场是中国共产党的根本政治立场，是马克思主义政党区别于其他政党的显著标志。"为此，习近平新时代中国特色社会主义行政管理体系建设思想和实践处处凸显以人民为中心的发展理念。我们的改革着眼于全面提升政府管理社会事务职能和提供优质公共服务职能，特别是着眼于强化民生领域的机构职能配置，在教育、卫生健康、应急管理、生态环保、文化旅游、退役军人服务等关系人民群众切身利益的领域，加大机构职能优化调整力度。机构改革以服务型政府为建设目标，极大彰显了以人民为中心的发展理念和价值追求。

第四，习近平新时代中国特色社会主义行政管理体系建设思想的总体思路是贯彻党政统筹、权能统一、高效协同的原则。习近平新时代中国特色社会主义行政管理体系建设思想在思路上开拓创新，以更高站位、更新视角、更强决心创造性地打破行政机关与党的职能机关的传统壁垒，全面推进党政军群各系统、政府各部门和央地政府各层级之间的机构职能分解重组。尤其着眼于构建系统完备、科学规范、运行高效的机构职能体系，大幅"合并同类项"，按照优化、协同、高效的要求，对各机构依照职能重新划分和统一归并。通过党政机关联动，抓住机构和编制改革这一关键环节，全面准确地落实党政职责分工，进一步理顺党和政府职能部门之间的关系。

第五，习近平新时代中国特色社会主义行政管理体系建设思想的根本主线是坚持党的全面领导。中国特色社会主义最本质的特征是中国共产党的领导，中国特色社会主义制度的最大优势是中国共产党的领导。习近平总书记强调："坚持和完善党的领导，是党和国家的根本所在、命脉所在。"行政管理体系是党执政的主要载体，同时，加强党的全面领导又是改革的强大推动力，因而，加强党的领导是战略目标与战略方式的有机统一，是习近平新时代中国特色社会主义行政管理体系建设思想的主线。①

上述五大方面是习近平新时代中国特色社会主义行政管理体系建设思想自身的理论特征。这些特征使我国的主流行政文化具有了深厚的文化自信根基和理论魅力，为非主流行政文化的传播提供了可行性。

---

① 中国行政管理学会课题组. 习近平新时代中国特色社会主义行政管理体系建设思想研究［J］. 中国行政管理，2018（6）.

[3]

行政文化与公务员

行政文化对公务员的影响是全方位的。其中，最主要的影响体现在对公务员的行政人格的塑造和公务员行政行为方面。行政文化与公务员的行政人格紧密联系，相互影响，辩证统一。行政文化塑造公务员的行政人格，公务员的行政人格创新行政文化。公务员的行政行为失范也有来自行政文化方面的原因，比如传统行政文化惯性的影响、现代行政文化不完善等。

3.1 行政文化与公务员的行政人格

3.1.1 公务员行政人格的内涵与积极向度

3.1.1.1 公务员及其行政人格的内涵

"公务员"的前身为官吏和文官，是政府工作人员的总称。现代社会公务员制度的前身是英国的文官（Civil Servant）制度，其雏形是中国古代的官吏制度。根据《中华人民共和国公务员法》的规定，公务员是指"依法履行公职、纳入国家行政编制、由国家财政负担工资福利的工作人员"。

中国将以前的"官吏""文官"改称为"公务员"，发端于1938年南京国民政府颁布《中华民国刑法》之后。在中华人民共和国成立后到1987年期间，"公务员"一词随着民国时期的公务员制度的废除而消失。中国当代"公务员"一词出现在1987年4月干部人事制度专题工作组更名后的《国家公务员暂行条例》（其前身为《国家行政机关工作人员条例（草案）》）当中。中西方的公务员具有明显的差异性，中国公务员与党的关系十分密切，西方的则不然，具体表现如下：第一，中国公务员必须具有鲜明的政治立场，接受和拥护中国共产党的领导，坚持党的基本路线、方针、政策；西方公务员制度则强调"政治中立"，其公务员在公务活动中不得带有党派的政治倾向性，不受党派控制。第二，中国公务员必须接受中国共产党的领导和监督，其人事任免和晋升与各级党委关系密切，须经各级党委组织考察与讨论；西方公务员则"不受政党干预""与党派政治脱钩"，无须接受来自政党的直接管理。[1]

"人格"一词源于拉丁文"Persona"，原指古罗马演员在出演希腊戏剧时所戴的特殊面具，它所表现的是戏剧中人物的身份。演员戴面具是为了入戏，能更好地饰演角色，并使观众能更好地理解角色。后来西塞罗将"人格"的含义进行了扩展：其一，一个人给他人的印象；其二，人的社会身份或角色；其三，特指有优异品质的人；其四，人的尊严和声望。[2]各个学科对于"人格"概念的解释也都突出地体现了各学科的特征：哲学上的人格强调具有自我创造和自我控制力量的自由意志；伦理学将人格主要理解为个人的价值和道德品质的总和；社会学视人格为社会或某个团体中的角色特征；心理学上的人格是用以解释个体行为在对不同刺激做出反应时的规律的一种概念；法学上将人格界定为人之为人的主体性要素。本书对人格的理解侧重从哲学角度即有关人的最基本的生活意义，是个体的性格、能力、气质、需要、欲望、价值观等内在精神要素的总和，也是人区别于动物最主要的主观能动性。[3]

关于"行政人格"的定义，学术界认识各异。张康之把行政人格界定为"行政人员与其他成员相区别的内在规定性，是行政人员在行政行为中自我价

① 徐苏兰. 公务员积极行政人格的建构研究 [D]. 徐洲：中国矿业大学，2017.
② 余潇枫. 哲学人格 [M]. 长春：吉林教育出版社，1998：23-24.
③ 徐妍. 中国法治政府建设中行政人格的塑造 [D]. 哈尔滨：黑龙江大学，2016.

值与行政价值相统一的形态，是行政人员心理、观念、意识、理念等与行为相统一的总体性存在，是一种体现其自我价值、尊严、品格的伦理存在"。①马文运认为，行政人格是行政人在执行公务过程中的行为特征，主要体现在三个方面，即在法律上体现为行政主体承担义务、享受权利的资格，在伦理学上体现为行政人的道德品质，在心理学上体现为行政人的性格、气质和能力。②陈建斌等认为，行政人格就是行政人员依据行政职业要求和角色规范，通过行政活动展示自身及组织价值尊严的身心结构的总和，它体现为行政人员良好的能力水平和道德涵养，是丰富的内在行政精神与协调的外在行政行为的有机契合。高云指出，行政人格是国家公务员人格化行为所构成的公共行政主体在实践中对于行政伦理原则的具体体现，是国家所倡导的政治价值观和行政价值观念在生活中的直接显现。③李建华认为，行政人格是指国家行政人员在公共事务中区别于其他社会成员的内在规定性，是行政资格、行政规格、行政品格和行政风格的内在统一。④许志江认为，行政人格是行政人在行政活动中持久性的心理特征总和，是行政人的内心活动与外在行为的统一，展示出行政人的整个精神面貌或特征。⑤综合上述的行政人格的定义，本书认为行政人格是公务员实施公职行为时的行为特征与人格特质。行政人格是公务员区别于其他社会群体的内在规定性，是公务员的伦理尊严、伦理规范、伦理品质、伦理境界依据职业要求和角色规范在公共行政领域中行使公共权力、维护公共利益、实现公共行政伦理价值而形成的道德意识、职业责任、智能结构的统一。⑥

为更好地理解公务员行政人格的内涵，需要注意以下几点：第一，行政人格本质上是一种角色人格。行政人员就是社会中的一种特殊角色，扮演行政人员这一角色的社会人将在政府组织中工作，被赋予一定的管理社会的权利和为社会提供相应服务的义务，出于对这种角色的认知，人们将对行政人员有着特

① 张康之，李传军. 行政伦理学教程［M］. 3版. 北京：中国人民大学出版社，2015：160.
② 马文运. 社会转型中的行政人格［J］. 决策探索，1994（12）.
③ 高云. 略论行政人格评价机制创新［J］. 云南民族大学学报：哲学社会科学版，2003（6）.
④ 李建华，夏方明. 行政人格内涵新析［J］. 长沙理工大学学报：社会科学版，2004（2）.
⑤ 许志江. 行政人格的涵义及结构试析［J］. 理论观察，2006（1）.
⑥ 郭俊，曾伟. 公共伦理视角下的中国公务员行政人格塑造［J］. 理论导刊，2012（7）.

殊的想象和期待，将其与其他社会角色相区别，这种想象和期待通过行政人员的内化形成了行政人格。第二，行政人格是行政价值实现的有效载体，是个体人格和群体人格的统一，是自我价值和行政价值的统一和共同实现形式。个体行政人格最大的特点就是自我个人价值与公共行政价值的统一，在实现行政价值的同时实现自我价值。第三，行政人格生成于行政实践环境中，是静态人格和动态人格的统一。静态人格是指行政人格结构系统下的稳定存在，它是行政人格常态下的存在方式，是相对稳定的。动态人格是从发展的视角来看行政人格，任何事物都不是一成不变的，行政人格也存在一个变革—塑造—稳固—继续变革的过程，只是这个过程比较缓慢，在这个过程中，行政人格由低级到高级、由问题人格到理想人格不断变动。在行政实践过程中，静态人格和动态人格相互依存、相互促进，在一定的条件下，二者相互转化。①

在现代行政管理体系和行政文化领域中，行政文化具有如下三个特征：第一，行政人格是公务员行政道德意识、行政职业责任、行政智能结构的内在统一。行政道德意识是公务员作为伦理主体资格的拥有者和道德规范的践行者在公共行政领域实现的道德意识品格。行政职业责任是公务员在公共管理活动中，履行行政义务、承担行政责任、维护公共利益而形成的职业角色意识。行政智能结构是公务员在公共管理活动中遵循行为规范和伦理要求而凝聚成的行政智慧与能力。第二，行政人格是公务员在公共管理过程中的伦理道德问题，是公共伦理观和行政价值观在公共行政主体中的体现，即行政人格具有伦理内涵。公共伦理视角下的公务员行政人格，是公务员作为公共事务管理主体在公共管理活动中公共伦理观与行政价值观的共同实现形式，是公务员的观念、意识、心理、理想等与公共行为相统一的总体性存在，是公务员行政价值、行政尊严、行政规范、行政品格、行政境界的伦理存在。第三，公共伦理下的行政人格是公共人格、法治人格、责任人格、服务人格、廉政人格、公仆人格等的统一，是公务员追求的目标。公共伦理是与服务型政府模式、公共管理方式相

---

① 赵江丰. 行政文化视角下理想行政人格塑造研究 [D]. 成都：电子科技大学，2012.

适应的范畴，其视角下的公务员行政人格是摒弃了官僚制体制的行政人格，是与服务型政府相匹配的行政人格，理应成为公务员追求的目标。①

3.1.1.2 公务员行政人格的积极向度

公务员行政人格的积极向度，是指公务员的行政人格之应然，或者说是公务员的行政人格可达到的理想状态，是公务员行政人格中所包含的正向的、健康的、建设性的部分，在有助于行政实践顺利进行的部分，与公务员行政人格的消极向度相对。

一般地，公务员行政人格的积极向度包括如下几点：

第一，公共性。公共性是公务员行政人格的根本属性，也是行政人格存在的首要意义。公务员不单代表一种身份和权力，更代表着严肃的责任和崇高的使命。公务员在"公共领域"中执行的是国家公务，管理的是公共事务，行使的是公共权力，理当作为公共利益的维护者、实现者以及公平正义等社会核心价值的维系者而存在，对公共利益负责。公共性是社会发展对公务员积极行政人格的根本要求，是行政主体坚持公共利益至上的一种"利他"属性。是否坚持公共利益至上的价值观念和在多大程度上能够践行这一观念，是衡量公务员公共性的根本原则，也是衡量公务员行政价值实现程度的重要标准。公务员不同于一般的群体，在其选择成为公务员而享有公共权力行使权时，必然要比社会一般成员对公共利益的实现有着更高的责任。当小我与大局冲突时，应顾全大局以公共利益为先，坚持"民本位"而非"官本位"，寻求公共利益最大化。公务员在行使公共权力和管理公共事务时，还要自觉树立和践行民主要求，关切和回应民众的意见和需求，坚持和保障民主，对广泛的公共参与给予肯定和鼓励的态度，充分尊重参与公共事务的公众意志；保证行政权力运行的公共性，主动接受相关监督，遵守规章法纪。②

公务员行政人格积极向度的公共性源自政府对公共价值的追求，具体体现为对行政权力的行使。公务员通过行使行政权力可以实现政府对公共价值的追

① 郭俊，曾伟. 公共伦理视角下的中国公务员行政人格塑造［J］. 理论导刊，2012（7）.
② 徐苏兰. 公务员积极行政人格的建构研究［D］. 徐州：中国矿业大学，2017.

求，这是因为行政权力也具有公共性。行政权力作为国家权力的一种，其本质上就是一种公共权力，带有公共性。行政权力的公共性主要体现在两个方面：一方面，它是一种派生性权力，是经公民政治授权或立法授权委任之后才产生的，必须执行赋予其权力的公民或国家立法机关的意志，这也是政府在社会上获得合法性和行政人员存在的基础。另一方面，行政权力的行使是以维护公共利益为目的的。①

第二，服务性。政府作为一种特殊的公共组织，职能之一就是提供使人们满意的公共产品和公共服务，而这一职能的最终实现靠的是公务员各种类型的行政实践活动。服务性是公务员行政人格的必要向度，是政府实现公共服务职责、追求公共价值的必要保障。因此，服务性也是公务员行政人格的积极向度之一。

更通俗地讲，公务员行政人格中的服务性就是公仆意识，或者为人民服务的精神。为人民服务是社会主义道德的核心，各行各业的从业人员都要以服务群众为目标。公务员作为社会主义政府机关的主要工作人员，尤其要具有为人民服务的精神。建设让人民满意的服务型政府，也必然要求公务员的行政人格必须具有服务性。服务型政府以服务为其核心价值，以对公民和社会提供服务作为自身存在和发展的基本宗旨。但是，无论如何在制度和体制中贯彻服务原则和服务理念，服务都不能必然地转化为现实。只有当公务员在行政行为中落实服务精神和原则，服务型政府的"服务"价值方能真正实现。只有当公务员的行政人格具有了服务性，才能更好地促进公务员将服务型政府的核心价值理念运用到具体行政行为的道德选择上来，从而实现真正意义上的为人民服务的行政。公务员行政人格的服务性是构建服务型政府的脊梁。②

从某种程度上讲，公务员行政人格的服务性是公务员行政人格的公共性的派生物。也就是说，公务员行政人格的服务性是其公共性的必要内容，不存在没有服务性的行政人格的公共性，如果公务员的行政人格的公共性没有内含服务性，那么这种行政人格是残缺的。

① 赵江丰. 行政文化视角下理想行政人格塑造研究 [D]. 成都：电子科技大学，2012.
② 周向锋. 服务型政府建设中行政人格的塑造 [D]. 长春：吉林大学，2013.

　　第三，独立性。独立性是公务员行政人格的现代化指向，是行政人格现代化过程中成长和成熟的关键要素。公务员行政人格积极向度中独立性的实现理应遵循公共性这一根本前提。公务员行政人格的自立自为性包含三个不同但又相互联系的层次，分别为独立自主性、主动性、创造性，这也是个体主观能动性的不同层次。高自立自为性的公务员，不仅在组织中保持人格的相对独立和自主，还需要更加主动地开展工作，并尽可能地运用自己的聪明才智，提出创造性的方案或创造性地解决问题。[①]这三个层次通过公务员的主体性得以实现。行政人格的主体性表现在行政人员作为行政活动的主体所表现出来的道德规定性，是行政人员作为主体所具有的道德品格、心理素质和行为特征的综合，它本质上是一种来之于外、"内得于己"的独特实践精神。它强调行政人员对于外在道德规定进行的主动选择，用自己的方式将其内化为自己的道德人格，并且同时能够主动引导行政人员的行政行为向善。[②]

　　政府为实现公共价值，应该积极发展公务员行政人格积极向度中的独立性，因为公务员行政人格的独立性是提高行政效率的关键。公务员行政人格的独立性是公务员行政人格的公共性和服务性的必要前提。

　　第四，责任性。责任性是指公务员必须积极承担行政责任、法律责任和道德责任的行政人格积极向度。这包括两方面的内容：一是指公务员必须依法执政，积极履行行政职责，遵从行政职业道德；二是指当公务员在行政实践过程中出现违法、失职、违背职业道德的情况时，必须承担相应的责任性，即公务员必须积极承担行政责任、法律职业责任和道德责任。

　　在公务员行政人格的责任性的三种责任类型——行政责任、法律责任和道德责任中，对行政责任的承担最能体现公务员行政人格的责任性向度。因为对行政责任的承担，是公务员专有的角色责任，其他社会人员是没有权力和资格承担行政责任的。换言之，公务员除了可以承担具有职业属性的行政责任外，还可以承担非职业责任，即其他社会人员承担的法律责任和道德责任。

①　徐苏兰. 公务员积极行政人格的建构研究［D］. 徐州：中国矿业大学，2017.
②　徐妍. 中国法治政府建设中行政人格的塑造［D］. 哈尔滨：黑龙江大学，2016.

公务员基于职业角色和职业属性所承担的行政责任，包括客观责任和主观责任，客观责任倾向于外部责任，主观责任则更倾向于内部责任。客观责任具体表现在公务员在一定的岗位上要对其上级或下级负职责责任，以确保行政组织的正常运转。在行政实践活动中，政府及公务员要对民选代表和公民负责，接受公民的评判和监督，主动追求公共目标、提供公共服务并承担失职时的行政责任，这是政府及公务员的根本义务，因为公民是主权者，政府只是公民授权的公共组织，公务员是政府所承担的行政责任的具体执行者。如果说客观责任是源自于法律、组织和社会对政府和公务员的角色要求，那么主观责任则是植根于公务员自己内心的对忠诚、良心、认同的信仰，是公务员在扮演行政角色时由自我信念、价值观、伦理认同等内驱力驱动，经内心认可的一种特定的行为方式。公务员在行政实践中要将自己的需求、良知、道德感与行政角色的规范要求融合，使客观责任和主观责任达成一致，履行行政责任。①

在行政问责制度及行政问责文化不断健全和完善的新时代，责任性是公务员行政人格积极向度之必然。

第五，创新性。公务员行政人格的创新性指的是公务员在行政实践中要有敢于突破陈规、大胆探索未知、勇于创新创造的思想观念。创新性是公务员行政人格的核心属性。

改革创新是时代精神的核心。改革创新是社会主义核心价值体系的基本内容之一。创新是引领发展的第一动力。我国把创新摆在国家发展全局的核心位置，把创新驱动发展战略作为国家重大战略，提出要不断推进理论创新、制度创新、科技创新、文化创新等各方面创新，让创新贯穿于党和国家的一切工作中，让创新在全社会蔚然成风。这都要求公务员必须具有创新意识、创新精神、创新能力和创新行为。我国目前正处在向服务型政府转变的关键时期，政府在行政实践的过程中会遇到许多前所未见的问题和新状况，这就需要政府在实践中不断地发现问题，创新管理制度和服务手段，将创造性的改革作为提高

---

① 赵江丰.行政文化视角下理想行政人格塑造研究［D］.成都：电子科技大学，2012.

行政效率、改善服务质量、增进公共利益、解决突发问题的有效方法手段。①
此外，如果公务员不具有创新性，对于行政体制的发展、行政行为的实施都十
分不利。没有创新性，就缺乏思考力，就容易出现"平庸的恶"的现象。这些
都要求公务员必须具有创新意识、创新精神、创新能力和创新行为。公务员的
创新意识、创新精神、创新能力和创新行为，都来自于公务员行政人格的创
新性。

可见，公务员行政人格的创新性对于我国赢得未来、建设服务型政府、防
止行政体制僵化、顺利实施行政行为都十分重要，是公务员行政人格的积极向
度之一。

3.1.2 行政文化与公务员行政人格的关系

行政文化与公务员的行政人格紧密联系，相互影响，辩证统一。二者的关
系具体体现在以下两个方面。

3.1.2.1 行政文化塑造公务员的行政人格

人的社会化就是人学习、内化社会文化的过程。公务员的行政人格的养成
就是不断接受行政文化影响的结果。公务员的行政人格是行政文化的内化。只
有内化了行政文化，公务员才能以践行自我行政人格的方式把行政文化外化出
来，这个过程就是行政实践的过程。

行政文化是由公务员群体对行政观念上的问题达成一致而形成的，行政
人格则是进入行政系统的个人对行政角色规范的内化，而行政文化正是最具
有普遍意义的行政角色规范标准。行政文化由行政价值观、行政道德、行政
态度、行政思想等构成。行政人格包括人格品行、人格心理、人格智能，这
三个部分都属于主观范畴，受行政文化的影响。行政文化中的行政价值观和
行政道德塑造公务员行政人格中的品行要素，使公务员接受行政价值观和具
备行政职业道德，行为受到约束，不敢违背；行政文化的行政态度影响着公

---

① 赵江丰. 行政文化视角下理想行政人格塑造研究［D］. 成都：电子科技大学，2012.

务员行政人格中的心理要素，不断培养着公务员的行政信仰、行政意志、行政心态，积极的行政态度文化会使公务员在心理上充满对法律制度的信仰和对行政组织的归属感，同时具备良好的自主性行政意志和乐观向上的行政心态；行政文化中的行政思想则会影响公务员行政人格中的智能要素，改变公务员原有的思维方式，丰富其思想内容，使公务员开始用行政的思维和理论指导行政行为实践。[①]

可见，公务员行政人格会受到行政文化的强烈影响，与行政文化有着密不可分的关系，所以行政人格可以看作是行政文化的内化。

3.1.2.2 公务员的行政人格创新行政文化

公务员的行政人格创新行政文化，是指公务员行政人格的创造性会对原有的行政文化进行改造和创新，从而推动行政文化的发展。行政文化的创新发展离不开公务员行政人格的创新性向度。行政文化的创新发展是公务员的行政人格对其内化的原有行政文化的反馈结果。

在行政文化塑造公务员行政人格的过程中，公务员的行政人格并非总处于被动的状态。一方面，公务员不断地接受当前的行政文化，内化为更加符合要求的行政人格，在这个过程中汲取行政文化中与自我行政实践经验相符的有价值的观念、思想，用于指导行政实践；另一方面，公务员在行政人格的创新性作用下，也会充分发挥主观能动性在行政实践中对现有的行政文化进行检验论证、创新改造。其一，行政人格反馈行政文化。行政人格不接受当前行政文化中与实践不相符部分的塑造，并将信息反馈给行政文化。这时行政系统的运转就会产生问题，系统内部各个部分就会做出相应的反应，导致系统中出现矛盾。其二，行政人格创新行政文化。当前系统内存在的矛盾会使公务员的行政人格受到刺激，行政人格开始调控公务员，使其在行政实践中做出反应，根据对内外环境的分析判断及原有的正确行政思想、观念理论的指导，公务员开始思考并使创新思想成为群体共识，变革当前行政文化，开发出适应内外环境要

① 赵江丰. 行政文化视角下理想行政人格塑造研究 [D]. 成都：电子科技大学，2012.

求、能够减少系统矛盾、恢复系统正常运转的新的行政文化。①

总之，行政文化与公务员的行政人格之间具有一种动态的辩证关系，它们相互作用、相互促进，在行政实践活动中得到外化、对象化，也统一于行政实践活动。

3.2 行政文化与公务员的行政行为

3.2.1 公务员行政行为及其失范

3.2.1.1 公务员的行政行为失范

失范是指"社会的价值与规范产生紊乱，人们的行为失去了标准或不遵守规范，整个社会秩序呈现无序化的状态"②。朱力在系统分析了失范范畴在西方学界的理论演化之后，指出西方学者对失范范畴的讨论经历了由抽象到具体、由理解性的概念到可测量的指标的过程，并认为失范的内涵可以从宏观和微观这两个层面去理解：宏观层面的失范是社会规范、制度体系的稳定性与社会秩序问题，主要指社会规范系统的瓦解、混乱；微观层面主要指社会成员或社会团体的失范行为。前者是规范本身的失范，后者是规范对象与执行者的行为失范。③不管是规范本身的失范，还是规范对象与执行者的行为失范，最终都表现为特定的行为失范。

学术界对行为失范研究较为深入且体系化的，当属由行为失范社会学派提出的行为失范理论了，其代表人物主要有法国社会学家涂尔干、美国社会学家默顿及美国芝加哥学派。涂尔干认为，解释社会中的各种失范现象，应该从社会事实出发，因为社会事实构成了社会。他认为，现代社会分工的发展快于这种分工所要求的道德基础，这导致社会从机械团结到有机团结的改变尚未完

---

① 赵江丰. 行政文化视角下理想行政人格塑造研究 [D]. 成都：电子科技大学，2012.
② 朱力. 失范的三维分析模型 [J]. 江苏社会科学，2006（4）.
③ 朱力. 失范范畴的理论演化 [J]. 南京大学学报：哲学·人文科学·社会科学，2007（4）.

成，这样，社会的某些方面便受到不适当的控制，从而导致失范。[①]在涂尔干看来，失范直接与集体意识相互关涉，因为由集体意识确定的共同信仰和道德规范对整个社会具有约束和强制作用。失范是一种可以治愈的病态现象，并且社会失范往往以个体行为失范的形式表现出来，失范的所有影响和作用都是负向的。[②]默顿接受了涂尔干提出的"失范"的范畴，经过充实并将其发展成为结构张力失范理论。默顿认为，社会失范现象不能归咎于社会未能控制人的急迫的生物冲动，应该从社会结构中去寻找答案。他说："我们的主要目标是发现某些社会结构是怎样对社会中的某些人产生明确的压力，使其产生非遵从行为而不是遵从行为。如果我们能找到特别容易屈服于此种压力的群体，我们就会在这些群体中发现比率相当高的越轨行为。"[③]默顿认为，由社会结构引起的文化目标与制度化手段之间的张力结构导致了失范行为的产生，"当文化重心从竞争本身产生的满足感转移到排除一切而只关注结果时，由此产生的压力促成了控制结构的崩溃。随着制度控制的削弱，便出现了与功利主义哲学家错以为是社会典型特征相近似的情形，即对个人得失的计较和对惩罚的畏惧成为唯一控制的力量"。[④]美国芝加哥学派对行为失范理论的主要贡献是提出了社会解组论，试图通过对社会解组现象的研究来解释行为失范。所谓社会解组是指社会规范对社会成员的约束力削弱、社会凝聚力涣散的社会状态。他们认为，解组有三种形式：一是无规范，即社会生活中没有一个现存的社会规范来指导人们应该如何行动；二是文化冲突，即社会生活中有两种相互对立的价值规范和规则同时并存，使人们无所适从；三是崩溃，即价值体系和规范体系完全混乱。[⑤]作为人类社会发展过程中存在的一种普遍现象，社会解组由社会变迁引起，进而又引起社会行为失范。

公务员的行政行为是指公务员在行政实践活动中，对行政客体做出的能够

---

① 涂尔干 E. 社会分工论 [J]. 渠敬东，译. 北京：生活·读书·新知三联书店，2000：14.
② 渠敬东. 缺席与断裂——有关失范的社会学研究 [M]. 上海：上海人民出版社，1999：32-38.
③ 默顿 R. 社会理论和社会结构 [M]. 唐少杰，齐心，等，译. 南京：译林出版社，2006：261.
④ 默顿 R. 社会理论和社会结构 [M]. 唐少杰，齐心，等，译. 南京：译林出版社，2006：296-297.
⑤ 帅学明. 我国社会解组现象及对策分析 [J]. 贵州大学学报：社会科学版，1998（5）.

产生法律效果的强制性行为。公务员行政行为的应然状态是他们严格遵守相关的法律法规，严格践行职业道德规范，在充分发挥自主性的基础上实施对党、国家、社会和人民有益的行政行为。但是，在现实生活中，公务员的行政行为失范现象时有发生。公务员的行政行为失范是指公务员的行政行为违反法律法规、违背职业道德规范的现象。

3.2.1.2　公务员行政行为失范的表现及危害

公务员行政行为失范之"范"，即规范，是指对公务员的行政行为进行调整、约束、限制或指导的指示和指示系统，包括法律法规、党的政策和纪律条例以及其他道德规范等。因此，公务员行政行为失范表现为公务员的违法行政行为、违纪行政行为和失德行政行为。

有学者认为，公务员行政行为失范不包括公务员的违法行政行为、违纪行政行为和失德行政行为，表现为权力异化、失职渎职、缺乏授权、明显不当四种形式。

第一，权力异化是指在行政管理实践中，掌握在公务员手中原本应该用来为群众和社会发展服务的公共权力，由于弹性或自由选择空间的客观存在，往往被通过非法和不道德的手段进行行使，使得私利凌驾于公利之上的现象。权力异化的内在根源是行政权力所有者和使用者的分离，思想基础是追求行政权力支配权的"权力本位"意识，本质是对为公共利益服务行政目的的违背，最突出表现形式就是权力滥用和贪污腐败，与此相关的例子不胜枚举。

第二，失职就是"该做的没做"，也就是工作不负责、不履职，导致损失发生的行为；渎职就是"做了但越位或没有到位"，表现为滥用职权、玩忽职守、徇私舞弊等形式。究其产生的原因，既有行政素质、意识和作风等方面的原因，也有行政能力不足带来的消极行政问题。

第三，缺乏授权是指公务员无法可依但做出了行政行为的现象。由于政府权力扩张、职能膨胀的冲动，导致公务员在授权范围之外对公共事务进行管理的行为仍然普遍存在。这种由行政权力的不确定性导致不可信威胁或承诺存在，引发出对各方都不利的、效率较差的均衡结果的现象，也就是所谓的"负和博弈"，在当前"发展挂帅"、追求政绩的社会大环境下，对比"该为不为"的缺位，缺乏授权的"越位乱为"行政行为往往容易被忽视。

第四，明显不当。在某些特定情况下，公务员做出的行政行为虽然没有违反党纪国法，但不符合道德要求，造成明显的不合理、不公正，或者在方式手段等方面上有所偏颇，存在重大且明显的瑕疵，没有达到预期的效果甚至产生负面效果等，都属于明显不当。明显不当与上述三种类型失范行政行为的重要区别就在于，滥用职权的着眼点是行为的动机和目的，明显不当的指向对象是结果。①

上述四种公务员行政行为失范，是我们所说的公务员行政行为失范，即公务员的违法行政行为、违纪行政行为和失德行政行为的原因。我们是从结果对公务员行政行为失范进行界定和理解的，而上述观点更多侧重于从原因层面对其进行理解和界定。

公务员行政行为失范的危害主要表现在以下几个方面：

第一，影响公务员的行政行为顺利开展。公务员的行政行为不论是违法、违纪还是违背道德，都会影响行为自身的顺利进行，因为法律法规、政策条例和道德规范的功能就在于对公务员的行政行为进行指导、约束和限制。

第二，危害他人和社会安全，浪费社会资源。行政行为的实施者虽然是公务员，行为对象可能是特定的当事人或行政标的，但这并不意味着公务员的行政行为只对公务员、当事人或行政标的产生影响，公务员的行政行为的影响是比较宽泛的。公务员行政行为的失范可能会造成社会资源的浪费，可能会造成突发性事件的爆发，影响社会安定，威胁社会公众的健康、安全和公众福祉。

第三，加剧社会风气的恶化。在现代社会，公务员的行政行为具有特定的道德示范效应。政府的职责之一是提供人民满意的公共设施和公共服务，但是，各种路桥坍塌、违章建筑、厂房爆炸、假疫苗及冤假错案、贪污受贿等影响人们正常社会生活的事件的发生，都会在整体上对社会大众的心理造成一种

---

① 徐然. 公务员行政行为失范的行政文化动因和对策探析［D］. 南京：南京师范大学，2015.

潜移默化的消极影响，最终会加剧社会风气恶化和社会道德滑坡现象，而这些负面事件的发生，都与公务员的行政行为失范直接相关。

第四，损害政府的公信力。就现阶段我国公众基础设施建设的运营模式来看，主要是以政府投资，经过公开招投标，由相关建筑公司进行实际设计、建设的模式运行的。在这个过程中政府居于主导地位，对建筑公司负有监督责任。而许多基础设施建设中存在的缺陷，不仅危害到了人们的健康与安全，而且严重浪费了社会资源。虽然基础设施建设的缺陷与建筑公司有关，但是根本上人们会对政府的监管能力提出质疑。政府的监管能力最终是依靠公务员的行政行为落实的。监管不力、无力，是公务员行政行为失范的表现之一，久而久之会影响政府的公信力。

3.2.2　造成公务员行政行为失范的行政文化原因

公务员行政行为失范的原因是较为复杂的，此处只是从行政文化的角度归纳一下相关原因。

3.2.2.1　传统行政文化的影响

造成公务员行政行为失范的行政文化原因之一，就是公务员受到了我国传统行政文化惯性的影响，使得现代行政文化应有的价值维度没能在其行政行为中体现出来。影响公务员行政行为失范的传统行政文化具有以下特点：

第一，行政伦理性。梁启超先生认为我国古代的政治是一种"伦理的政治"，他说："凡国家皆起源于氏族，此在各国皆然。而我国古代，于氏族方面之组织，尤极完密，且能活用其精神，故家与国之联络关系甚圆滑，形成一种伦理的政治。"[①]在这样的政治文化体系下，我国在鸦片战争前绵延2000多年的封建社会中所形成的传统行政文化具有高度的伦理整合性，是一种伦理型的行政文化。受儒、释、道、法等各家思想的影响，我国传统行政提倡以德行政，要求统治者和管理者以自身道德修养作为管理国家的基本出发点，重视德

---

① 梁启超. 先秦政治思想史 [M]. 北京：东方出版社，1996：43-45.

行对社会的调节作用,从而使得政治和道德都被看作是"由己及人"的不变过程。中国传统社会是一个所谓的"家国同构"的社会,以家为本位,国家是放大的家,政治伦理化和伦理政治化,政治生活中人际关系的等级序列格局完全是家庭成员关系的放大化。人们由上而下拥有绝对权利而无相应的义务,由下而上只有绝对的义务而无相应的权利。①传统行政文化的伦理性还表现在重私德而缺乏公德观念、重自律轻他律等方面。这种伦理型行政文化虽有其不足和弊端,但它对封建社会的行政管理活动起着巨大的影响作用,其本身固有的自律机制,不仅是传统行政的控制手段之一,就是在今天的行政管理活动中,也仍有不可替代的作用。

第二,封闭性与排异性。受封建小农经济模式的影响,传统行政文化表现出突出的封闭性和排异性。封闭性和排异性是中国传统行政文化的民族特征。这主要表现在:行政缺乏推动力,行政组织内部缺乏革新机制,改革的社会心理承受能力差,对传统极端尊重导致创新精神的泯灭,形成了一种唯我独尊的文化模式;被吸收来的外来文化在某种程度上无法扎根于中国本土,反而往往加固了中国传统行政文化的固有形态;人们安于现状,不思进取,存在着因循守旧、求稳怕乱的心理。

第三,人治主义。人治主义是中国传统行政文化的显著特点。重人治是中国古代行政的基本准则,"为政在人""君仁莫不仁,君义莫不义,君正莫不正,一正君而国定矣"等都是重人治思想的体现。"人治"中的"人"当然不是指普通的民众,而是帝王和贤人。虽然历代王朝均有自身适用的无数刑律条款和诉讼程序,但是王族犯法却难与庶民同罪。人治主义并不排斥法律,但它强调一切法律都由人来制定、执行和遵守,即人高于法律,法制仅仅是君主统治的工具和手段。虽然在政治组织的安排上,皇权可以受到宰相和御史大夫等高层官吏的制约,但是一旦发生了矛盾冲突,最高控制权总操纵在皇帝手中,皇帝就是最高的圣人。因此,在这种圣王权威之下,人们总把希望寄托在圣人

---

① 马庆钰. 论家长本位与"权威主义人格"——关于中国传统政治文化的一种分析 [J]. 中国人民大学学报, 1998 (5).

身上，人们对这种封建权威盲目崇拜，官僚系统也得以用权威统治社会，结果是遇到问题时很少从制度层面上寻找原因，毫无政治权利可言，渐渐地，人们就形成了一种普遍的臣民意识。专制制度、崇圣理念和臣民意识导致了民众独立人格和民主意识的沦丧，结果形成了人存政举、人亡政息的政治景观。

第四，官本位思想。浓厚的官本位思想也是中国传统行政文化的显著特征之一。官本位思想以不择手段地求官、保官为目的，以以官牟利、以官构名为归宿，唯上不唯下，对上是工具，对下是主人，官念为本，官级为准。历代文人都宣传"学而优则仕"，就是将做官作为人生奋斗唯一的、最高的目标，因为做官会获得最高层的社会地位，摆脱体力劳动，并进入"治人者"的行列，即所谓"劳心者治人，劳力者治于人"。同时，在传统的人治社会中，只要跻身于官宦行列，即意味着打开了财富之门，可尽享荣华富贵并光宗耀祖。随着历史的发展，这种官本位思想演化出了等级观念，即所谓的"官有九品、人有九等"，"官大一级压死人"，官贵而民贱。等级观念使得上级权力不断膨胀，下级自主意识不断丧失，高度集权体制形成了一套森严的等级制度。等级制度伴随着等级服从，再加上各级官吏的行政措施多为专制式，官府衙门化、官吏官僚化，许多地方官以"土皇帝"自居，集行政、刑罚大权于一身。这种官本位和等级制意识对现代行政仍有很深的影响，在一定程度上严重影响了行政法治建设和行政民主化进程。

此外，政治与行政一体化也是中国传统行政文化的基本特征。古代中国政治系统与行政系统是合二为一的，不存在立法、行政、司法之分。由于政治与行政的一体化，其运行带有强烈的政治色彩，并不注重效率，只以维持统治为根本目标。古代地方行政官员常集立法、行政和司法权于一身，享有管理地方的生杀予夺大权。

3.2.2.2 现代行政文化不完善

造成公务员行政行为失范的另一个行政文化原因就是现代行政文化不完善。现代行政文化不完善，存在的问题较多，比如行政文化的差异化问题，即以自然经济为基础的行政文化、以计划经济为基础的行政文化以及以现代市场经济为基础的行政文化，由于生产力水平的层次和地区差别以及改革的渐进性而广泛并存，并且在并存中不断发生冲突；行政文化的层次化问题，即囿于地域、行政人员素质、行政组织职能及其他因素，各地区、部门的行政文化发展状况各异，法治化、服务化、效能化程度等的差异很大，使得区际之间、府际之间和部门之间行政文化沟通困难。具体来看，造成公务员行政行为失范的现代行政文化因素主要有以下几点：

第一，行政精神淡化。现代社会的开放与自由带来人们价值观念的多样化，使行政主体陷入矛盾与困惑之中，行政人员价值理念错位、行政信仰迷失等不良影响也蔓延开来，具体体现在：一是行政信念与行政信仰的迷失。信念是对现实所做的一种价值判断和推论，它所揭示的内容总是同人们认为"应当"抱有的态度和"应当"采取的行动有关。信仰是人生的"主心骨"，人们信仰什么就会追求什么，追求什么就会有什么样的社会行为。我们通过仔细观察和分析可以看到，面对着缤纷的市场经济大舞台和改革开放的新环境，我国目前行政人员的信念和行政信仰状况正处于一个"阵痛"时期，是一个活跃与混乱并存的时期，其中清醒者有之，坚定者有之，但困惑者、盲目者乃至堕落者亦有之。二是以民为本的公仆意识淡化。以民为本是中国共产党的根本宗旨，也是我国公务员的根本行政理念。然而，这种公仆意识在某些政府组织、官员身上逐步淡化，"为人民服务"变成了口号、空话，甚至有变为"人民为我服务"之嫌。有些地方把政府官员称为"老板"，用"老板论"代替了"公仆论"；有的官员为官一任不是造福一方，而是以"父母官"自居，把百姓看成是自己的臣民；有的把"为人民服务"异化为"为人民币服务"，为个人利益服务。官僚主义、享乐主义、拜金主义、形式主义等现象严重地制约着政府为人们服务的水平和质量，同时也增加了政府的行政成本，降低了行政效率。公仆意识淡化使行政效率的提高失去了思想保证。三是求真务实的行政作风淡化。行政作风关系到政府用什么样的方式和态度来实践自己的目标，不同的行政作风必然导致不同的行政效率。没有一支政治强、作风硬、业务精的行政人员队伍，就不可能有高效的政府管理。在实际的政府管理中，存在的诸如"门难进、脸难看、话难听、事难办"的衙门作风，存在着行政调查"坐着车子转、隔着玻璃看""领导出点子、基层找例子"的主观主义作风，在各种行政统计中虚报、瞒报的浮夸作风，以及"官出数字，数字出官"的风气，都大大降低了政府的行政效率，严重损害了政府的形象。

此外，行政精神萎缩、行政思维方式落后等也在深层次上制约着行政管理水平的提高，不利于政府形象的树立，使政府体制改革精神动力明显不足，直接限制了现代行政文化的发展。

第二，行政制度文化缺失。社会体制变革使旧的制度、规范受到挑战，逐渐失去效力，而新的制度、规范尚不健全，造成因制度、规范缺失而形成空隙漏洞，人们在两种制度、规范之间无所适从，从而出现了制度、规范失灵。因制度、规范缺失而形成的漏洞又使行政主体具有了多种选择的可能，尤其在现今的市场经济体制下，这些漏洞和矛盾便为违背规范和主导价值、谋取私利行为的产生提供了大量的现实机会和心理托词。贪污腐败、行贿受贿等便成为反主导价值的反向行政文化现象，这无疑是上述规范、价值、利益领域所出现的内在、外在矛盾的结果。同时，行政文化对社会文化具有示范性，行政失范现象的大量存在，腐败现象的变相"合法化"，对整个社会道德风尚产生了极其恶劣的影响，这对法治的实现也是一种无形的障碍。行政规范失灵所产生的反向文化力量如果不能被及时遏止，必将对中国社会的健康发展和稳定产生极大的负面影响。

第三，行政权威的合法性弱化。通常认为，如果社会各个成员基于对政府的信任而自觉遵守当权者的决策，那么这种权威就是合法的。民主政治和市场经济的发展增强了公民的自主意识和行政效能感，普遍激发了公民的行政参与热情，与此同时，人们对政府的期望也不断高涨，加之传统的行政文化中"全能型政府"观念的影响，人们更期望政府能有效满足个人利益和解决各种社会问题。但是，很多社会问题是多种因素合力作用的结果，这其中政府并非最根本的因素，尤其转型时期政府面临着结构改革和职能创新，社会格局变革中的利益摩擦和行政文化转型中的观念冲突等都制约着政府的法规、政策的效力。

权力腐败、职工下岗等社会问题，似乎并未随着政府相应措施的出台而缓解。一些公务员的不正之风更败坏了"公仆"在"主人"心目中的形象，影响了大众对政府的认知、情感、评价和态度，使社会行政文化与主体行政文化产生了对立现象。还有一些基层乡村行政部门，积极作用不足，消极功能有余。因为没有守信用、能力强的基层政府依靠，一些地方处于混乱无序的状态。行政文化的混乱失调，既在基层激发社会行政文化与主体行政文化的冲突，也从这里发源并向上延伸，从而削弱了政府存在的社会基础，制约着行政权威的合法性，进而影响行政效能的发挥和行政目标的实现。①

---

① 俞慈珍. 现阶段我国行政文化堕距探析 [J]. 福州党校学报，2005（1）.

[4]

行政文化与行政组织

行政组织的正常运行离不开行政文化。行政文化对行政组织的影响主要包括行政组织的领导力和执行力两个方面。行政文化可以为行政组织的领导力提供必需的信仰信念、完备的信仰塑造系统、培育德才兼备的干部队伍等。行政文化是行政组织执行力建设的基础，有助于提高行政组织执行的速度和效度。

4.1 行政文化与行政组织的领导力

4.1.1 行政组织领导力及其构成

"行政组织"有广义和狭义之分。广义的行政组织是指"依法行使国家行政职权、管理公共行政事务的国家行政机关，以及依法管理社会公共事务的其他公共行政组织"①；狭义的行政组织是指行政机关，"是依照宪法和行政组织法设立的，享有国家行政权，能以自己的名义实施行政活动，并能独立承担其行为后果的国家机关"②。本书是在广义层面使用行政组织这一概念的，即行

---

① 焦洪昌. 宪法制度与法治政府 [M]. 北京：北京大学出版社，2008：179.
② 石佑启. 论公共行政与行政法学范式转换 [M]. 北京：北京大学出版社，2003：144.

政组织包括行政机关和其他公共行政组织。

"领导力"在传统意义上被认为是领导者对组织内部的个人和集体施加的影响力，是发生领导行为的特定能力。组织领导力的研究起源于20世纪60年代，先后形成了特质理论、行为（风格）理论和情境（权变）理论三大主流传统理论流派。组织领导力理论是世界公认的先进管理理念，是当今竞争日益复杂化的社会大背景下构建组织核心竞争力的首选。组织领导力对于组织而言是整个系统内生的产物。首先，组织领导力是指作为一种集体能力的领导力，集体能力的领导力不是所有个人领导力的简单加总，还涉及组织内成员、团队、环境等因素的相互作用，从而有助于生成有效的动力机制，并促进组织全体成员共同完成领导任务。其次，组织领导力通过组织成员、成员之间的关系与组织环境三个层次，共同增进组织的人力资本、社会资本和组织资本，是多系统、多层次、多维度相互作用的过程与结果。最后，组织领导力既包括组织所有管理岗位上的个人领导力与集体或团队领导力，也包括组织成员之间、组织内部团队之间，以及组织成员与团队之间在同一岗位层级，或是跨岗位层级相互作用所产生的组织社会资本与组织资本的共同增进效应。①据此，行政组织领导力可以定义为：行政组织作为一个整体所具有的对行政人员和社会大众的影响力。行政组织的领导力不是行政组织领导者的个体领导力，而是行政组织作为一个集体所具有的集体领导力，是一种集体优势力量的体现。行政组织的领导力通过行政人员、行政人员之间以及行政组织的行政行为得到实现，受到行政组织行政文化的影响。

组织领导力是一种需在实体、关系和组织环境三个层次上加以发展的集体领导力。第一个层次是实体层次。在人类社会系统中，个人是不能简约的最小实体。个人领导力发展涉及对领导者的培训，这个层次上的领导力发展有利于增强集体的人力资本。第二个层次是关系层次。这个层次的发展是指发展个人在所有方向（向下与追随者、向上与上司以及横向与同级）上的直接和间接关系。这个层次的发展就是要在个人之间建立更加丰富、更加多样化的联系，使

---

① 顾霄勇，梁瑞兵. 干部组织领导力内涵及其构建机制［J］. 经济师，2014（5）.

个人可以利用关系网络获取更多资源，从而增进集体的社会资本。通过发展各种关系，可以培育集体成员之间的相互信任，形成共同的规范和价值观，增进相互联系，从而提高合作质量，使所有成员能够更好地联合起来共同完成领导任务。第三个层次是组织环境层次。这个层次的发展以实体层次和关系层次的发展为基础，它通过完善各种正式和非正式的组织机制，比如组织文化、组织结构、组织流程、组织制度等，来使集体成员的相互联系和共同工作成为可能，为他们更有效地联合起来完成领导任务提供支持性的文化和制度环境。这个层次的发展有利于增进组织资本，即存在于组织的文化、惯例、制度、结构等正式和非正式的工作体系及信念体系中的价值。这三个层级的发展相互影响，相互作用。①行政组织的领导力发展的三个层级，就是行政组织成员的个体领导力、行政组织成员之间的直接关系和间接关系，以及行政组织的整体层面。这三个层面是行政组织的领导力发展的三个向度，也是行政组织的领导力最终得到发挥的载体。尤其是第三个层面，即行政组织的组织文化、组织结构、组织流程、组织制度等，在这个层面，可以看出行政组织的领导力与行政文化关系密切。

　　一般来说，组织领导力的构成包括领导权威力、战略决策力、沟通力、评估力、学习力、创新力和社会责任力七个方面的内容。领导权威力是指领导者借助建立在领导者品格、才能、知识等因素基础上的权威力来配置领导资源。战略决策力和沟通力是治理组织所必须具备的领导力构成要素。战略决策力分析环境、制定目标；沟通力有利于良好的组织内、外环境的形成，有利于决策的实施。评估力、学习力、创新力是实现评审、改进创新作用的领导力构成要素。评估力包括领导者对员工、组织事务的正确评估；学习力是领导力的保障，促使领导者建立学习型组织，培养组织的学习气氛；技术、思想意识、文化精神上的创新力，是使组织持续发展的最根本推动力。行政组织的社会责任力使得现代组织对社会承担起了应当承担的义务和责任，包括公益责任、道德

---

① 文茂伟. "组织领导力发展" 内涵探讨 [J]. 外国经济与管理，2011（12）.

责任、教育责任和环境责任。它会促使领导者自觉维护组织的信誉，要求组织诚实守信，并回报社会。同时，还会引导组织为社会做贡献，树立一个良好的形象。①组织领导力的这七个构成要素同样适用于行政组织。

4.1.2　行政文化对行政组织领导力的作用

由于行政组织的领导力的运行和发展涉及行政组织成员个体层面、行政成员个体关系层面和行政组织的组织文化、结构、制度等层面，而这三个层面又与行政文化的形成关系密切，所以，行政文化与行政组织的领导力之间关系密切，具体体现如下：

第一，行政文化可以为行政组织的领导力提供必需的信仰信念。一个组织能够做大做强，关键是一个组织存在的根本意义，最主要的是愿景、使命、价值观。第二，行政文化可以为行政组织的领导力提供完备的信仰塑造系统。领导者有了正确的价值观，并不意味着组织和组织里的每个人都有，要把领导者的想法变成组织的想法，就必须有一个精神信仰塑造系统。这个系统有两个最基本的功能——内部要统一信念，外部要建立统一的战线。通过系统的打造才能够使组织变得更加强大，并把组织的信念一直贯彻下去。第三，行政文化可以为行政组织的领导力培育德才兼备的干部队伍。有了行政使命还要有合适的人去担当并完成，这就需要建立一支高素质专业化的干部队伍，而行政文化可以为此培育具有正确行政价值观和科学职业素养的德才兼备的人才。第四，行政文化可以为行政组织的领导力提供科学有效的动力系统。行政组织没有理想和信念就做不大，运转起来就没有动力。卓越组织一定是信念共同体，也是利益共同体。第五，行政文化可以为行政组织的领导力提供严明的纪律氛围。②这是团结、领导行政组织的必要条件。

在我国各级政府发展过程中，中国特色社会主义行政文化对其的作用也体现在上述五个方面：第一，中国特色社会主义行政文化为各级政府的领导力提

---

① 林岚岚，张平. 现代组织领导力构成要素研究 [J]. 合作经济与科技，2008 (1).
② 胡宗仁. 重在研究中国共产党的组织领导力 [J]. 中国领导科学，2018 (2).

供了宏大的信仰体系，这包括建立愿景、确立使命和树立价值观。从第二次全国代表大会起，中国共产党就确立了"组织无产阶级，用阶级斗争的手段，建立劳农专政的政治，铲除私有财产制度，渐次达到一个共产主义的社会"的最高纲领和组织愿景，在长期的革命、建设和改革中，中国共产党致力于将组织愿景具体化、阶段化，提出了适应时代要求的组织愿景，"小康社会"、"现代化强国"和"中华民族的伟大复兴"等都充分体现了组织愿景的时代特征。中国特色社会主义为各级政府确立的使命是为了无产阶级的解放，乃至全人类的解放，以及"中国共产党人的初心和使命，就是为中国人民谋幸福，为中华民族谋复兴"。马克思、恩格斯在《共产党宣言》中指出："无产阶级运动是大多数人的、为绝大多数人谋利益的独立的运动。"中国共产党将"全心全意为人民服务"作为根本宗旨和最高的价值取向。党的十八大以来，中国共产党进一步确立了"以人民为中心"的理念。这些都可以理解为是中国特色社会主义行政文化为各级政府提供的信念、信仰。第二，中国特色社会主义行政文化为各级政府的领导力提供了完备的信仰塑造系统。这分为在各级政府内部塑造理想信念和在政府组织外部广泛建立同盟。前者体现为行政组织对意识形态的重视，习近平总书记指出："意识形态工作是党的一项极端重要的工作。"党的十九大报告更是针对性地指出基层党组织建设的弱化、虚化、边缘化问题，并阐述了基层党组织建设的重要性及基本路径。后者体现为对爱国统一战线的重视。通过建立爱国统一战线，可以扩大党的愿景、使命和价值观的影响力。第三，中国特色社会主义行政文化为各级政府的领导力培育德才兼备的干部队伍。中国共产党的发展史充分证明了干部队伍建设的极端重要性。就政党政治条件下的干部选拔的本质而言，是将政党的政治信念、政治意图通过干部选拔的过程嵌入干部队伍之中，是党的性质和宗旨、党的理论和政策、党的重要主张在选人用人上的集中体现，其主要功能是通过这支高素质的干部队伍实现政党的政治目标，进而经由这支队伍贯彻政党的政治价值观。这些都部分地由中国特色社会主义行政文化完成。第四，中国特色社会主义行政文化为各级政府的领导力提供科学有效的动力机制。行政文化能够把行政组织塑造成一个信念共同体，从而促进政府组织的领导力发展。信念共同体是指由志同道合的人构成的、具有同质性价值信念的卓越组织。第五，中国特色社会主义行政文化为各级政府的领导力提供"铁"一般的严明纪律。中国共产党从成立起就极为重视组织纪律的建设。在党的十九大报告中，习近平总书记进一步强调"重点强化政治纪律和组织纪律，带动廉洁纪律、群众纪律、工作纪律、生活纪律严起来"，从而不断提高中国共产党的领导力、凝聚力和战斗力。①中国特色社会主义的行政文化作为以马克思主义为理论指导和理论遵循，以人民为中心原则的行政文化，必然会为我国各级政府组织的领导力产生持久而广泛的作用。

4.2 行政文化与行政组织的执行力

4.2.1 行政组织的执行力及其构成要素

"执行力"是法学、企业管理和公共管理等学科的关键概念之一，不同领域对执行力的界定不同。比如，法学领域认为，执行力是对具体行政行为予以强制实施并执行的强制力或法律效力；企业管理领域认为，执行力是"一整套行为和技术体系，它能够使公司形成独特的竞争优势，是企业获取竞争力的关键"②。公共管理领域认为，执行力是完成执行的手段和能力，即在形成行政决策并制订详尽计划后，确保执行得以完成的手段和能力。③

行政组织的执行力是指政府部门及其工作人员贯彻落实上级的战略决策、方针政策和工作部署的操作能力及实践能力，就是提高执行命令、完成任务、达到目标的能力，也就是常说的"抓落实"。作为政府行政管理意义上的行政组织的执行力，可解释为在政府组织内所存在的通过准确理解政府的目标及方

---

① 胡宗仁. 中国共产党的组织领导力 [J]. 唯实，2018（3）.
② 托马斯 P，伯恩 D. 执行力 [M]. 北京：中国长安出版社，2003：1.
③ 国富执行力课题组. 本土化执行力模式 [M]. 北京：中国发展出版社，2004：211-213.

向和精心设计方案、实施方案，并对政府的各种组织资源包括人财物、信息、法律、制度等进行集中有效的使用、调度和控制，从而有效地执行和实施政府的公共政策、决策、法令、战略、计划以及完成政府既定目标的政府内在的能力和力量。①执行力对于行政组织而言至关重要，因为它直接与行政组织及其行政实践行为的能力、速度和效力密切相关，直接体现着行政组织的领导力，直接体现着行政组织的公信力，是行政组织合法性的必要前提。

行政组织的执行力具有以下三个特点：第一，行政组织的执行力强调行政组织的"整体能力"，是行政组织"综合能力"的体现，即能胜任某项任务所具有的主观条件，是行政组织综合运用法律政策等方式实现预期目标的能力，它涵盖了统筹规划能力、组织协调能力、指挥控制能力、灵活创新能力等多种能力。在这种能力的驱动下，行政组织及行政人员才能更好地履行其职责，进行调节经济、监管市场、管理社会、公共服务。第二，行政组织的执行力是一种"合力"。它是一种"合"力而不是"和"力，它不是执行力的各种要素的简单相加，而是行政组织对各种资源的整合，包括有形资源（人力、财力、物力）和无形资源（信息、效能、意识）等相互作用并经过必要的机制配置后所产生的整合力。这里把整个政府视为密不可分的行政管理系统，各个部分所体现的是整体的综合效应，强调团队意识，要求提倡团队协作精神，执行并完成预期目标。行政组织的执行力实质上是行政组织各要素的凝聚力和向心力有机结合起来的"合力"。第三，行政组织的执行力核心是一种"效力"。行政管理实践表明，行政组织在既定目标的导引下，追求执行的速度、质量和效益的高度统一，实现职权责利的高度统一。因此，行政组织在贯彻落实和具体执行方针政策的过程中，以及在公共行政实践中，必须以宪法和法律为准绳和依据，做好公平与效率、公开与公正、廉洁与责任、权利与义务的统一，处理好行政组织与企业、社会、公众及其他行政组织之间的关系，全心全意为人民服务，更好地提供让人民群众满意的公共产品和公共服务。②

---

① 李玲. 提升政府执行力的行政文化建设思考 [D]. 成都：西南财经大学，2008.
② 刘本秀. 地方政府执行力提升的行政文化障碍及消除路径研究 [D]. 湘潭：湘潭大学，2012.

行政组织的执行力由五种要素构成：执行主体、执行客体、执行资源、执行环境和执行制度。

第一，执行主体。行政组织的执行主体主要指具体负责执行行政任务的行政组织和行政人员，当然，行政组织中具体负责执行行政任务的最终也要落实到具体的行政人员。这里的行政任务是一个宽泛的概念，包括行政决策、行政法律法规以及行政组织得以有效运作的日常事务等。行政组织的执行主体对于其执行力至关重要，是行政组织执行力的主动者，对行政执行活动起着主导作用，行政组织的执行活动以行政执行主体的价值观、理想、信念信仰、综合素质等为先在逻辑而存在。因此，行政组织的执行主体是行政组织执行力的直接力量来源。

第二，执行客体。行政组织的执行客体是指行政组织执行力所作用的对象，即行政组织执行主体作用的对象。这个对象可能是人，也可能是物，还可能是事项。行政组织的执行力有效发挥作用的过程，其实就是行政组织的执行主体与执行客体相互作用的过程，只有行政执行客体的存在，才使行政执行主体成为主体，主体的地位是在其与行政执行客体的关系中得到确证的。如果没有行政执行客体的存在，也就无所谓行政执行主体的存在。可见，行政执行客体对于行政组织执行力而言是不可或缺的。此外，虽然说行政执行主体是行政组织执行力的直接力量来源，但是并不是说行政组织执行力的强弱完全就是行政执行主体的事，其实，行政执行客体对行政组织执行力的强弱也有很大的影响。

第三，执行资源。行政组织的执行资源指的是行政执行主体在执行具体任务的过程中所需要的各种资源，这些资源包括人力、财力、物力等有形资源和信息、效能、意识、权力等无形资源。行政组织的执行资源是影响执行力强弱的直接因素。在行政执行主体、客体相对固定的情况下，一般来说，行政组织的执行资源越丰富，行政组织的执行力越强。行政组织执行资源中的人力资源不同于行政组织的执行主体，它是执行主体可供支配、调度的人力，是执行资源中的活性要素，包括质和量两个方面，其直接决定着行政组织执行力的效果与效率。行政组织执行资源中的信息资源在当今信息社会中的作用日益增强，已成为行政组织执行力中的重要战略资源，现代社会智慧城市、电子政务的发展，也正说明了这一点。行政组织执行资源中的权力资源是指行政执行主体可供使用的公共权力，它关系到行政执行主体的执行权限。一般来说，行政组织的层级越高，其行政执行主体可供使用的公共权力就越大，其执行力也就越强。在法治政府建设日益健全的今天，行政执行主体必须做到依法行政，在行政执行中依法使用权力资源。

第四，执行环境。行政组织是一个开放的系统，同外界环境相互作用。行政组织的执行活动可以以能动性的形式改造着外部环境；而外部环境则以基础性的渗透形式，或者以决定性的制约形式时刻影响着行政执行的整个过程。执行环境从不同的层次、不同的角度可分为不同的类型：以层次为标准可分宏观环境、中观环境和微观环境；以国别区域为标准，可划分为国际环境和国内环境；以作用和影响为标准，可划分为积极环境（良性环境）和消极环境（恶性环境）；以内容为标准，可划分为政治环境、经济环境、文化环境、社会环境、自然环境等。[①]

第五，执行制度。政府是制度的载体和基本的存在形式，作为制度的化身，其制度是否科学合理直接关系到政权的稳固程度和政府制度的执行力度。制度是由一系列正式约束、社会认可的非正式约束及其实施机制所构成。正式约束又称正式制度，包括政治规则、经济规则和契约等，它是由公共权威机构制定或由有关各方共同制定的，具有强制力。非正式约束又称非正式制度，主要包括价值观、道德规范、风俗习惯、意识形态等，它是对正式制度的补充、拓展、修正、说明和支持，它是得到社会认可的行为规范和内心行为标准。正式制度与非正式制度相互联系、相互制约。制度的实施机制以国家为主体，依靠国家强制力保证正式约束和非正式约束的实施。[②]

总之，行政组织的执行主体、执行客体、执行资源、执行环境和执行制度

---

① 李玲. 提升政府执行力的行政文化建设思考［D］. 成都：西南财经大学，2008.
② 李玲. 提升政府执行力的行政文化建设思考［D］. 成都：西南财经大学，2008.

在行政组织的执行力中分别承担着不同的角色。行政组织执行力的形成和提升必须依靠这五种要素的相互作用，缺一不可。

4.2.2　行政文化与行政组织执行力的关系

在第一部分中论述到，行政文化的功能很广泛，包括影响功能、控制功能，以及满足功能、认识功能、改造功能、导向功能和激励功能等。这些功能在行政组织中共同发挥作用，对行政组织的执行力有直接的影响。

第一，行政文化是行政组织执行力建设的基础。行政文化是行政组织的指导思想、理论、信仰、价值取向、制度、经验等长期积淀的结果，而行政组织的指导思想、理论、信仰、价值观、制度、道德、经验等都与行政组织的执行主体、客体、对象、环境、资源、制度等直接相关。行政组织的执行活动以行政执行主体的价值观、理想、信念信仰、综合素质等为先在逻辑而存在，而执行主体的价值观、理想、信念信仰、综合素质等直接与行政文化密切相关。行政组织的执行活动是行政组织的执行主体与执行客体相互作用的过程，在这一过程中，不只是行政执行主体与执行客体的地位得到相互确证，更会产生对行政组织指导思想、理论、信仰、价值观的碰撞、冲突、融合，即行政执行过程其实是对行政文化的检验、反馈过程。当原有的行政文化通过这种碰撞、冲突和融合而积淀成为新的行政文化后，就会对行政组织的执行力起到重塑的作用。行政组织的执行环境的营造及执行环境是否良好，直接取决于行政文化。行政文化是一种特殊的社会意识，归根结底是由社会存在决定的，对社会存在又有反作用。行政执行环境就是决定行政文化这种特殊社会意识的直接社会存在，它必然受到行政文化的反作用。具体来说，行政文化内含的指导思想、理论、信仰、价值向度、制度、道德、经验等对行政执行环境都有直接的塑造作用。如果行政文化的上述要素能通过传播而有效社会化，那么就会降低行政执行成本，提高行政执行力。此外，行政组织执行资源的调度及执行制度的建构，都受到行政文化的直接影响。所以，行政文化是行政组织执行力建设的基础。

第二，行政文化有助于提高行政组织执行力。这包括两个方面，一是行政文化有助于提高行政组织执行的速度；二是行政文化有助于提高行政组织执行的效度。一方面，行政文化经过历代的传承和演变，以其规范有序的方式影响着行政组织的执行速度。《管子》中就曾经提到过"令行禁止"的思想，直至现在，令行禁止也一直是政府部门传承已久并根深蒂固的行政文化。令行禁止意为下令行动就立即执行，下令停止就立即停止，主要形容法令严正，执行认真。这一优秀的传统行政文化对执行速度起到了至关重要的作用，它能够保证执行力量的高效和统一。还有一些优秀的行政文化强化着行政组织的执行速度，如团结一致、顾全大局、上下一心、互通有无等。这些传统的行政文化要求政府机关及其工作人员做到保障行政体制的基本价值观的确立和实践，沟通并协调好人际关系，并做到执行速度在执行中的最大化，从而使行政目标得到更好的实现。另一方面，行政文化能够帮助行政组织树立良好的形象，正确处理好它与社会、法治与人治、权利与责任的关系，有助于提高行政执行的效度。以依法行政、执政为民、廉洁奉公、高效服务为主旨的行政文化能够构建一个让人民满意的行政体制，提升人民对政府的满意程度。历史不断证明，具有深厚文化底蕴及良好文化修养的政府，在执政时能够达到民心所向的效果，只有民心所向，政府的执行效度才能得到充分提升。因此，作为对行政机关和行政人员进行自我管理和约束的积极的行政文化，能够更积极、有效并持久地控制和巩固政府执行力。①

行政文化之所以能对行政组织的执行力产生影响，是因为行政文化具有积极的价值向度，具有激励、凝聚等功能。比如，行政文化能补充行政组织的正式管理制度，可以有效降低行政监督成本；行政文化的聚合、认同功能能使行政组织降低决策成本，提升行政组织的领导力；行政文化的社会化、辐射功能能降低行政组织成员之间、行政组织之间、行政执行主体与客体之间的沟通成本；行政文化的激励功能能使行政文化的隐性价值直接作用于行政组织及其成员，从而转化为显性的行政执行力。

---

① 罗熙. 行政文化对政府执行力的影响研究［D］. 长春：吉林财经大学，2013.

[5]

行政文化之间的冲突与融合

　　行政文化的传播会产生两种直接的后果——行政文化冲突与融合。在经济全球化不断深入和信息科技高速发展的背景下，行政文化的传播既超越了传统与现代的时间限制，又超越了地域与民族的空间限制，进而形成了行政文化的跨文化传播现象。行政文化也在这种跨文化传播的过程中经历着传统与现代、东方与西方的冲突与融合。

5.1　中国传统与现代行政文化之间的冲突与融合

5.1.1　中国传统与现代行政文化之间的冲突

　　动态地考察当今中国的行政文化，可以看到，现代行政文化与传统行政文化并存，二者既相互影响、相互渗透，又彼此冲突。二者的冲突主要表现在以下几个方面：

　　第一，传统人治与民主法治的冲突。法治和人治是两种不同的社会组织管理形式。法治是社会主义现代化建设的要求，它要求以立法的形式切实体现广大人民的意志，而中国传统社会中的行政则是人治。"普天之下，为皇帝一人之治",并以皇帝为至高无上的顶点,形成了一个人治的金字塔,正如牟宗三所说:人民处于被动的状态,不能够在政治上自觉站起来成为有个性的个体,不能对皇帝有政治法律形态的回应和限制,所以中国传统政治也就终不能走向民主。虽然历代社会均有无数刑律条款和诉讼程序,但却是处在"君权神授"的宗法专制主义的总体制约之中的,加上"刑不上大夫""君子言出法随",因此,中国传统法治实质上就是人治,人治传统起着绝对的权威作用。迄今,人治的残余影响仍然阻碍着行政现代化的进程。

与民主法治同传统人治的冲突相对应,现代民主制度与家长宗法观念之间也存在冲突。传统社会长期形成的专制主义的宗法家长制是民主政治的一个重要障碍。实现行政文化的现代化,必须清除这一障碍。

第二,伦理至上观与功利观的冲突。虽然儒、墨、法三家都讲功利,且在义利之辨方面形成了具有积极意义的思想因素,但是从总的方面来说,以儒家学说为主干的中国传统行政文化具有鲜明的伦理至上色彩,推行伦理至上,"重义轻利",把对物质利益的追求看成是"纵欲",是"小人"之所为。社会主义市场经济的发展,强化着人们对物质利益的关注,引导着人们对利益的追求,利益又是通过各市场经济主体以独立的身份参与市场竞争来实现的,因而人们追求物质利益和金钱,便无可厚非。这使安贫乐道、重义轻利、重德轻才等传统观念面临着前所未有的挑战。作为对传统伦理至上观的否定,功利观的兴起则是历史的必然。

第三,等级观念与平等观念的冲突。传统社会实行普遍的等级身份制度。每个人在社会中承担着相当固定的社会身份,其权利、义务、荣誉和社会地位完全取决于这种身份。这种等级身份制度意味着社会权利分配、资格分配的一系列等级差别,当与宗教制度、家族制度相结合后,便形成一种在现代被称作"血统论"的社会身份和权利的世袭继承制,这与社会主义市场经济所要求的现代平等观念是背道而驰的。现代行政文化的平等观念强调按照个人能力及对社会贡献的大小来确立每个人的价值和他们在社会体系中的地位,它要求在真理面前人人平等、在法律面前人人平等,反对等级观念、特权思想、裙带关系、任人唯亲等。这种平等观念反映了人们价值尺度的变化和市场经济发展的要求。

第四，封闭传统与开放要求的冲突。与落后的小农生产方式相适应，传统行政文化具有封闭性和排他性，行政主体之间缺乏有效沟通，行政活动缺乏透明度，从而导致行政毫无生机和活力，这种传统不适应现代行政文化建设的要求。现代行政文化是一种开放型的文化，它在客观上要求行政体系与其他社会体系不断进行物质、能量、信息的交换，增加行政管理的透明度，调动国家公务员等参与人参与行政管理的积极性。

第五，"中庸"信条与竞争意识的冲突。竞争的结果是优胜劣汰，没有竞争便没有发展，这是事物发展和演变的规律。市场经济提倡竞争，就是鼓励人们要有积极创新、开拓进取的精神，这必然要与中国传统文化中的求稳怕乱、中庸之道等观念发生冲突。中国传统行政文化提倡"执两用中"，强调"不偏不倚""过犹不及"的中庸之道，要求人们以此作为自己的忠实信条。中庸之道排斥竞争。在我国的社会主义现代化建设中，这种中庸之道严重降低了经济活动、行政活动的效率，阻碍了社会发展。①

5.1.2 中国传统与现代行政文化之间的融合

第一，从"法治"思想到依法治国、行政法治。

在中国传统行政文化中，法家的"法治"思想占有一席之地。如果透过法家"法治"思想的诸多言论分析其本质，就不难发现法家"法治"思想具有以下两大特征：一是法家"法治"思想中的"法"，是就"力"的意义而言的。因为这种"法"所关注的问题是如何使得"法"有支配力，如何使得"法"能符合封建统治阶级利益的需要，如何使得"法"能引起统治者的兴趣等。这完全是以权威主义的观点来迎合政治生活的。二是法家"法治"思想是一种技术性较强的理论。因为法家所关注的问题是如何能使自己的思想符合统治者的利益需求，他们研究的是如何建立一种强而有力的统治，至于建立这种统治来做

---

① 洪威雷，万燕花，等. 中国传统行政文化与现代行政文化的特征及其冲突 [J]. 武汉交通职业学院学报，2005（1）.

什么等问题则是根本没有研究过的。行政管理领域包含的内容是十分广泛的，有很多层面。即使法家认为他们的目的就是建立有力的统治，法家思想所涉及的也只是行政管理的技术层面。法家"法治"的这些特征是任何社会形态的"法"都必须具备的要素，正因为如此，其才不时地被后代吸收、利用。①

现代行政文化中依法治国、行政法治等思想的产生与发展，与传统行政文化中的法治思想有着千丝万缕的关系。法家思想认为法是用来规范和衡量人们行为的客观的、公正的准则，强调"法"与"刑"相结合，主张用法来界定财产权，即法的"定分止争"的功能，强调法的权威性与拘束力，认为人民、官员甚至国君都应该守法和依法办事，主张法应该公布、清晰、易明。这些思想与现代行政文化的行政法治等思想内容具有一定程度的吻合性。现代行政文化中的"法"更多的是从"理"的角度来审视的，它注重内容的合理性，研究如何成为公正、正义之法。但是，这不是说现代行政文化中的"法"就完全不讲"力"。虽然不能完全等同于法家之"法"的"力"，但现代行政文化中的"法"也有"力"的要素，现代之法若无"力"，则难以执行，更难达到法律效力。帕斯卡说："遵循正义的东西，这是正当的；遵循最强力的东西，这是必要的。正义而没有强力就无能为力；强力而没有正义就是暴虐专横。正义而没有强力就要遭人反对，因为总是有坏人的；强力而没有正义就要被人指控。因而，必须把正义和强力结合起来，为了这一点就必须使正义的成为强力的，或使强力的成为正义的。"②现代行政文化中依法治国、行政法治等思想是正义与强力的完美结合，既包含传统行政文化中法家"法治"思想的"力"，又包含现代行政文化中的正义。

第二，从儒家思想到现代和谐行政。

儒家的"民本"思想认为，民众是社稷之本，统治者要充分重视民众，为民谋利。它虽然作为封建统治者的管理理念是以维护和巩固封建统治为目的，有其负面作用，但它的这种重视民众的思想却有利于现代行政文化的发展。中

---

① 劳思光. 中国文化要义新编 [M]. 香港：香港中文大学出版社，1998：121-123.
② 帕斯卡. 思想录——论宗教和其他主题的思想 [M]. 何兆武，译. 北京：商务印书馆，2015：140.

国共产党在长期的革命和建设过程中总结出的"一切为了群众，一切依靠群众，从群众中来，到群众中去"的群众路线，以及现代行政文化中的"以人为本"思想都是对传统"民本"思想的继承和发展。与人民群众搞好关系，并且切实做到尊重人民群众、为了人民群众和依靠人民群众，是和谐行政的必然要求。儒家的"贵和""和而不同""天时不如地利，地利不如人和""上不失天时，下不失地利，中得人和，而百事不废"的"人和"思想，体现在现代行政管理中便是和谐行政理念。在行政组织内部形成一种用感情来调整上下关系、和谐融洽的氛围，有利于中央政府与地方政府之间，各行政机关、各行政人员之间关系的协调，有利于为行政体制的运转和行政活动的开展创造一个祥和、良好的环境，进而有助于提高行政效率。如儒家强调"仁政"思想，孔子认为"仁者爱人"，将内在于己的恻隐之心发扬光大，从而推己及人便是仁，于是"以其所爱，及其所不爱"便是施仁。"以不忍人之心，行不忍人之政"便是"仁政"，"仁政"思想的措施包括薄赋税、轻刑罚等。儒家的"仁政"思想与我国现代行政文化的价值追求在表象上看是一致的，都是为了维护老百姓的利益。但是前者是为了臣民，后者是为了人民。例如2005年12月29日，第十届全国人大常委会第十九次会议通过《关于废止〈中华人民共和国农业税条例〉的决定》，农业税条例被依法废止，一个在我国延续了2 000多年的税种宣告终结，这是现代行政文化中具有代表性的"仁政"思想的体现。又比如，党的十八大以来，以习近平同志为核心的党中央把扶贫开发作为全面建成小康社会的最艰巨任务和最突出短板，纳入"五位一体"总体布局和"四个全面"战略布局，摆到治国理政的重要位置，对脱贫攻坚做出了全面部署。为打赢脱贫攻坚战，习近平总书记以高度的政治责任感和历史使命感，身先士卒，亲自挂帅、亲自出征、亲自督战，实现了6 000多万贫困人口稳定脱贫，贫困发生率从10.2%下降到4%以下，脱贫攻坚战取得决定性进展。①这也是现代行政文化中最具有代表性的"仁政"思想的典型体现。

---

① 邹天敬. 习近平关于精准扶贫精准脱贫的战略思想［EB/OL］.（2018-01-29）. http://www.rmlt.com.cn/2018/0129/510091.shtml.

儒家思想还包括德治观念。由孔子对仁、义、礼的论述可知，儒家思想中的德治观念的特性是：不问行政权力是否正当，只问行政权力的运行是否正当。为使行政权力能正当运行，就必然要求管理者具有较高的德行，就是要靠德行较高的管理者来运行行政权力，而在封建社会这种具有较高德行的管理者往往就是皇帝及其指派的官员。这种理念在现代社会得到扬弃后就是以德治国。不管是德治观念，还是以德治国，都要求从政者具有较高的道德修养。孔子将"自省""自责"作为克己的手段；范仲淹的"先天下之忧而忧，后天下之乐而乐"一直被奉为行政官员的修养格言；孟子提出"富贵不能淫，贫贱不能移，威武不能屈"的独立人格。现代社会中也通过科学的录用机制、培训机制等提高从政者的道德修养。注重从政者的道德修养，强调廉洁自律，从而赢得民众的信任与尊敬，在某种程度上促进了行政伦理建设，促使从政者忠于职守、团结合作、廉洁奉公。这能使政府树立良好的形象，有助于和谐行政。儒家讲求"礼治"。很多学者认为"礼治"就是"人治"，是阻碍我国现代行政文化发展的主要因素。这种认识是不科学的。从一定程度上讲，"礼治"讲求的是一种秩序，而这种秩序不管是在封建社会还是在社会主义社会，都是社会正常运行所不可或缺的。因此，不论是封建行政文化中的"君君，臣臣，父父，子子"，还是现代行政文化中要求行政人员的职、权、责一致，都是一种对社会秩序的要求，尤其在行政事务冗繁的现代社会，要求行政人员各司其职、各负其责，是行政系统有效运行的重要保障。此外，封建社会的"礼治"含有"礼制"，它对人们的日常行为都予以规范，这对现代行政文化也有影响。现代行政文化中也要求行政人员讲求"礼"，从言行举止到着装外貌都有一定的要求，都要符合相应的职业道德规范。

第三，从相权和谏权到现代行政制度的制衡。

在封建社会的统一政府之下，一般都存在两种行政权力——相权和谏权。相权产生于秦汉，衰于宋。在这一历史时期，丞相是封建政府实际的首领。丞相在礼制上是皇帝的副手，在权力上辖制中央与地方各级官吏，甚至皇帝的私臣也要受丞相管制，而丞相的立废则完全由皇帝控制。在理论上，皇帝与丞相均不能独裁，君权与相权是相互制衡的。相权衰落的宋代是谏权的盛行时期。拥有谏权的人主要是谏官和御史大夫。谏权最初用以帮助相权，限制君权，但自宋代开始，谏权与相权发生争斗，谏权日高，相权日低。但不管怎样，谏权还是发挥了限制君权的作用。

传统行政文化中相权与谏权对君权进行限制，这是不争的历史事实。虽然这种非制度化的制衡关系不能与民主社会的制度制衡机制相提并论，但是丝毫不能否认民主社会的制度制衡机制的形成没有受到传统权力制衡意识的影响。现代行政制度的制衡机制相对较为完善，既有行政、司法和立法的分权制衡，又有决策、执行、监督的分开实施的制衡，既有行政系统内部监督制衡，又有异体监督制衡。

此外，传统行政文化中已经包含有朴素的国家"福利"观念。儒家主张"仁政"，认为政府的基本任务是使人们能安居乐业并接受文化教育，所以孔子有"富"与"教"的说法。儒家所讲的"富"，是在公平原则的基础上进行探讨的。儒家认为，政府实施"富"民的"仁政"，比如汉代的重农抑商和休养生息政策，南北朝时的"均田制"，还有宋代的王安石变法，都是合乎道德的政策。它们考虑到多数臣民的福利，讲求具有阶级局限的公平，不以增长国家财富为目的，这就具有了现代行政文化中"福利"政策的雏形。

5.2　中外行政文化之间的冲突与融合

毫无疑问，中西方行政文化之间存在着巨大的差异。在信息全球化的时代背景下，它们之间必然存在着冲突、交流、理解、认同、融合。从整体来看，中国传统行政文化由于其固有的封闭、排异等性质使得它与外界文化交流甚少，而中国现代行政文化由于现代化的多种因素使得它与外界文化有较多交流。所以，能更多体现中西方行政文化之间冲突的应该是中国传统行政文化，能更多体现中西方行政文化之间融合的应该是中国现代行政文化。

5.2.1　中国传统行政文化与西方行政文化之间的冲突

第一，"治民"观念与"民治"观念的冲突。

儒家思想认为，老百姓是"仁政"的对象。儒家学说虽然也重视"民"的利益，但是这种做法从根本上是为了维护统治阶级的统治。"劳心者治人，劳力者治于人；治于人者食人，治人者食于人，天下之通义也"①，儒家学说从来没有在平等的意义上看待民众。因此，以集权官僚制为核心的中国传统行政文化界定了"民"与"官"的区别，并形成了系统的、行之有效的、世代传承的"愚民政策"。它把老百姓排除于政治活动之外，将政治神秘化，官僚地主阶级拥有特权并掌握了全部行政和政治资源，老百姓被愚化为"臣民"。

民治是民主的前提。林肯曾用"民有、民治、民享"这一名言来描述民主政治的基本特征，表明民主政府不是由某一个人、一个阶级或特权阶层所掌握，而是一个人民作为整体并以自己的名义来行使权力的政府。在西方行政文化中，强调政府的职责是为公民提供公共产品与服务，公民对政府的认同是政府合法性的社会基础。自20世纪70年代以来，西方国家纷纷掀起了以市场化为导向的行政改革浪潮。它强调公共行政的"顾客导向"和公共行政的民主化运作，变革传统官僚制公共行政模式，希望建立一种更为民主化、更具灵活性、更有参与性的公共行政模式，即民主行政模式。

中国传统行政文化强调"治民"，而西方行政文化实行"民治"，二者之间存在着冲突。随着民主政治和民主行政的发展，"臣民"意识必将淡化，"民主"意识必将强化。"民治"的民主政治和民主行政是社会发展的总趋势，也是我国新时代行政文化的题中之义。

第二，"强行政权力"观念与"弱行政权力"观念的冲突。

在中国传统行政文化中，皇帝是国家的主人，是最高统治者，他拥有最大的行政权力。在家国一体和"朕即天下"等观念的影响下，国家行政权力的触

---

① 《孟子·滕文公上》.

角伸到了社会的每一个角落，形成了"溥天之下，莫非王土；率土之滨，莫非王臣"的局面。在西方行政文化中，人们对国家与社会关系的认识经历了从"同一"到"对立"，再到"合作"的过程，这就对国家权力进行限制提供了理论基础。西方有学者认为，国家是必不可少的"恶"，在可以不需要国家介入的场合，自然就应该尽可能地通过国家之外的其他途径来解决个人和社会所面临的各种问题，国家权力必须被限定在非常明确的界限以内。

中国传统行政文化认为行政权力应该而且必须强大，唯有如此，才能巩固封建统治，是一种"强行政权力"观念。西方行政文化则主张政府权力的有限性，是一种"弱行政权力"观念。在现代社会，随着社会政治、经济等社会事务的日益冗杂，政府不可能管理到社会的每个角落，行政权力也不应该延伸到所有社会领域。政党的权力、政府的行为应该是有限度的。有限型政府是新时代行政文化构建的目标之一。

第三，"以法治国"观念与"依法治国"观念的冲突。

中国传统行政文化也讲法治。法家认为国家应该靠严峻的刑法来治理，也就是"仁义爱惠之不足用，而严刑重罚之可以治国也"，"无威严之势，赏罚之法，虽尧舜不能以为治"。[①]虽然法家主张治国之"法"应该公开、固定，但是这种"法"还是与传统"人治"密切相连的。荀子认为，以"人"为本，"法"为末；"法"既不可能离开"人"而存在，也不可能离开"人"而自行，所以治国应该靠"君子"。

西方行政文化中的法治是指在一个国家中，法律并非只是被统治者玩弄于股掌之上的统治工具，而是对包括统治者在内的全体社会成员均具有约束力的国家最高政治权威。也就是说，法律权威是至高无上的。正如美国开国元勋托马斯·潘恩所说："在专制政府中国王便是法律，同样地，在自由国家中法律便应该成为国王，而且不应该有其他情况。"[②]西方行政文化中的"法治"概念的特征表现在两方面：一是法律的至上性；二是法律的普遍性、确定性和形式

---

① 《韩非子·奸劫弑臣》.
② 潘恩 T. 常识 [M]. 马清槐，译. 北京：商务印书馆，2015：34.

上的合理性。

　　由此可见，中国传统行政文化中的"法治"观念讲求的是"以法治国"，即视法律为行政权力的工具，行政权力运用这种工具来统治人民，而自己则高高凌驾于法律之上。西方行政文化中的"法治"观念则讲求的是"依法治国"，即视法律为整个国家的最高政治权威，以之来调节全部政治、经济和社会生活，不仅全体公民、所有社会组织、团体政党要守法，而且政府运作必须谨遵法律，依法进行。中国传统行政文化中的"法"不是人民意志的体现，而是统治者意志的体现，是他们单方面制定的、用来统治社会的工具，所以，这种"法"与西方行政文化中提倡的"法"相比没有至上性。虽然它对人民具有绝对的权威，但要屈从于行政权力之下，统治者可以任意解释法律、修改法律、颁布新法律，或以行政命令凌驾于法律之上。

　　第四，"官财一体"的"礼制"与"廉洁行政"观念的冲突。

　　孔子反复强调的"礼"，在那些后世信徒们手上，已成为官僚们收入的重要来源。上层的官员是不会直接伸手盘剥百姓的，这些自有下级官吏及幕僚、差役们去做。基层官吏的任免掌握在上级官员的手中。这些基层官吏为了保位升级，必须讨好上级，而讨好的主要途径就是将他们搜刮的民脂民膏分出一部分，以"礼"的名义送给上级。这样，逐级送礼，"礼"制成矣！"礼"的名目五花八门，逢年过节，寿、婚、丧以及儿孙满月、生病等，无不是收"礼"的时机。指官、授缺、监考、处分等环节，都用"礼"来打点。与之相应，官场中形成了一套与"礼"相关的词汇：孝敬、打点、照应、招呼、斡旋、盘费、程仪、节敬、年敬、规礼、赆礼、门包……"礼"的文化是各级官僚必须遵守的。这种"礼"文化或"礼制"传承至今，仍有突出表现。在中国传统行政文化的影响下，在市场这只"看不见的手"的作用下，一些本应获得的正当权益却无法通过正常程序获取，而必须用礼品疏通相关部门或相关人员才行，这是等价交换的价值法则和利己主义思想对职业道德和社会公德的侵蚀污染。

　　与中国传统行政文化中的"礼"文化不同的是，美国"送礼文化"的一大特点是公私分明。亲朋好友之间私人性质的礼尚往来没有多少拘束，美国的白人中产阶级一般习惯在庆祝某人的生日、某个纪念日或者类似圣诞节这样的节日才给人送礼。在工作单位里，人们往往通过在感兴趣的人中间筹款的方式选购礼物纪念某件事，从而避免显露送礼者的姓名。除了这些确定的场合，送礼就非常注意分寸，尽量不暴露送礼人的姓名，并且会使人感到那只是一个随意的举动。美国的政府机构和公司企业对职员的礼物收受都有详尽而严格的规定。美国公务员要遵守"20/50"条令，即在不主动索取的情况下，每次可以接受价值不超过20美元的礼品或馈赠，但一年之内累计收受的礼品价值不得超过50美元。严加限制礼物是为了避免使礼物兼带私人因素，如被看成行贿、寻求特别好处或希冀酬报等。在美国，无论政府还是企业，上下级之间的请客送礼都是严格禁止的，否则将以行贿受贿论处。德国对官员接受礼品也有专门规定：为了保持公务人员的纯洁性和避免贿赂现象的发生，官员对提供的报酬或礼品，无论是公务人员在职期间还是离职以后，都要经过所在部门领导或离职部门领导的允许方可接受。规定明确指出，凡是送给官员或官员身边工作人员的一切物质都是礼品，未经上级同意，哪怕接受价值很低的广告礼品，也是被禁止的。

第五，官僚主义与官僚制精神的冲突。

封建社会的官僚制是适应于封建的专制制度的，其最大的特征是全体成员禁锢在专制主义的严密等级中，一般称为"世系"或"家产"官僚制（主要包括世袭与科举）。它表现出的浓厚的官僚主义不仅与现代官僚制精神相去甚远，而且弱化了现代官僚制。现代官僚制指的是韦伯的官僚制理论，它建立在专业分工和工具理性的基础上，完全排斥情感因素，以社会平等为前提。官员的级别差异来自于知识和技能的不同以及职责的差异，而与人的身份地位无关，是一种理性的国家行政管理制度。现代官僚制主要以非人格化、理性化、制度化等为特征。

我国现代行政文化中的官僚制也是通过学习韦伯的现代官僚制理论得以发展的。但是，我国现代官僚制的特征与韦伯的官僚制特征差距很大，这主要表现在以下两个方面：一是行政活动随意性很大，包括机构设置、人员使用、领导者行为等。二是人格化倾向，包括领导者行政权限过大，以不受制约的权力为基础的行政违规甚至是行政违法行为很普遍；组织活动中的人格化倾向严重，在行政组织中，占支配地位的权威体系是人情伦理，关系和人情往往代替制度和规则；组织活动非理性和缺乏效率；法治理念淡漠；现代契约观念欠缺等。①

导致我国现代官僚制异化的原因，除了韦伯官僚制理论固有的缺陷外，就是我国传统行政文化的影响，这集中体现在传统行政文化中的官僚主义上。官僚主义是中国数千年专制制度的产物，它主要表现在"唯上不唯下"和"权大于法"的人格化倾向上。各级官员集统治和服从两种人格于一身，对上是工具，对下是主人。等级观念使得上级权力不断膨胀，下级没有自主意识，高度集权体制形成了一整套森严的等级制度，人们对占据权力地位的人表现出服从和谦卑，形成了上级领导人格上的日渐扩张和下级人格的日渐萎缩。在官僚主义体制下，各级官员都享有特权及特权带来的利益，所以，"权大于法"，"言大于法"，个人的人格权威往往高于职务权威，"人情风"的盛行，容易置行政原则而不顾，混淆公私界限。

5.2.2 中国现代行政文化与西方行政文化之间的融合

既然中国传统行政文化与西方行政文化之间存在着诸多冲突，那么毫无疑问，它们之间也就必然存在着诸多相近、相通之处。这主要是因为文化的存在，其自身就是一个动态的过程，这主要通过文化的冲突与融合得以体现。而文化的冲突与文化的融合之间不是绝对的对立关系，相反，冲突之中有融合，融合之中又有冲突，可以这样讲，在一定程度上，融合是冲突的结果。文化发展离不开文化融合，文化融合才能创造出更为优质的文化。

当今时代，科技的飞速发展为信息的有效传播解决了方法上的技术难题，所以，在中西方传统行政文化、现代行政文化之间，不管是纵向的传统与现

---

① 魏娜. 官僚制的精神与转型时期我国组织模式的塑造［J］. 中国人民大学学报，2002（1）.

代，还是横向的中国与西方，甚至是纵横向的古今中外的行政文化之间，都存在融合的可能。如果以中国行政文化作为参照物，那么中西行政文化之间的融合主要体现在以下几方面：

第一，从权力本位到民众本位。

中国传统行政文化中的行政权力较强，而西方行政文化中的行政权力较弱。不管是强行政权力还是弱行政权力，它们在一定的历史时期都发挥了重要的作用并产生了深远的影响。随着现代公民社会的不断成长，弱行政权力成为社会权力运行的主流。在这种趋势下，我国现代行政文化也不断与国外行政文化进行融合，我国行政权力也在不同的社会领域进行合适的弱化。也就是说，在过去我国公共行政依靠的是精密的等级组织结构和完整的行政权力体系运行着。政府是整个社会的中心，也是全社会的权力中心。而随着行政文化的融合和社会的发展，我国政府的行政权力在适度地弱化，政府在特定领域和特定情况下可以依法将行政权力以授权、委托等方式转移给非政府组织。政府这样做的目的是更好地完成行政管理的目标，更好地为人民服务，所以，行政管理正在由权力本位向民众本位转化。

第二，从权威行政到民主行政。

权威行政不是中国行政文化的特性，民主行政也不是西方行政文化的专利。纵观历史，西方行政文化在古希腊、古罗马时期及中世纪都存在不同程度的权威行政，民主行政在西方社会也只是文艺复兴时期之后民主意识不断发展的产物。而中国传统行政文化虽然具有浓厚的官本位色彩，主要以权威行政为主，但是中华人民共和国成立以后，尤其是改革开放之后，中国行政文化中的民主行政意识也在不断增强。

对于我国现代行政文化来讲，从权威行政到民主行政是中西方行政文化融合的结果。改革开放以来，中西方交流较为广泛，民主观念逐渐深入人心，实现行政管理的民主化已经成为行政发展的一大目标。民众参与的行政公开化已成为社会共识，行政决策民主化已成为行政决策过程的基本趋势。民主行政意识的确立与发展是中国行政管理体制变革的一个重要标志。

第三，从管制行政到服务行政。

韦伯总结了人类社会中被接受的三种合法性权威：①魅力型权威，即建立在一个非凡的人以及由他默示和创立的制度的神圣性，或者英雄气概，或者楷模样板之上；②传统型权威，即建立在一般的相信历来适用的传统的神圣性和由传统授命实施权威的统治者的合法性之上；③法理型权威，即建立在相信统治者的章程所规定的制度和指令权力的合法性之上，他们是经合法授权进行统治的。与这三种合法性的权威模式相对应的，有三种不同层次的"服从-命令"行政管理方式。韦伯比较青睐基于法理型权威之上的"服从-命令"行政范式。这种行政范式的优点之一是行政组织的合法性、稳定性很强，因为在这种行政范式下的公权力（当然包括行政权力）相比较而言得到了最合法的运用，最能体现为公共利益服务。

由于受"人治"传统行政文化和计划经济体制的影响，我国政府行政范式的最突出特征并不是基于法理型权威之上的"服从-命令"行政范式，而是其他两种行政范式，突出表现在政府通过等级隶属的行政权力和无所不包的行政命令来实现对社会各个领域的全面控制，我们可以称这种行政范式为"管制"。管制行政的根源是各级行政机关及其行政人员、社会公民没有意识到政府就是服务机关，没有意识到自己的权利所在，自然也不会对政府提出正当而合理的要求。我们熟知的现实是，随着民主意识的发展，管制行政的土壤已经变得相当贫瘠。我国政府本身就是"全心全意为人民服务"的政府，最终实现政府职能的方向性选择就成为一种必然。实现从管制行政到服务行政的转换，意味着政府施政符合公民的意志和愿望，蕴含着把政府和公众错置的地位关系重新置换过来，表明了政府行为的公民取向和"顾客"中心，从而达到"小政府、大服务"的理想状态。①

中西方行政文化之间的融合是多方面的、多层次的，远不止上面论及的内容。现代社会政府再造运动中的诸多理论因素都是中西方行政文化融合的产

---

① 唐检云，李美华. 政府绩效评估的文化基础分析——一种基于中西方公共行政文化差异的视角［J］. 江西农业大学学报：社会科学版，2006（1）.

物。例如，美国学者彼得·圣吉在1990年出版的《第五项修炼——学习型组织的艺术与实践》中阐述了学习型组织理论，这一理论提出后立即引起了世界各国政府的强烈反响，越来越多的西方政府都在广泛运用这种理论。日本政府用它指导城市管理，提出要把大阪建成"学习型城市"；新加坡用它指导政府管理，提出要建成"学习型政府"；美国、荷兰、新西兰等国政府已走上"学习型国家"的道路；2003年2月，经济合作与发展组织在巴黎举办了以"学习型政府：中央政府的知识管理"为主题的研讨会。美国行政学家拉塞尔·M.林登在20世纪90年代美国公共部门革命的基础上提出的无缝隙政府理论，是基于人们对以马克斯·韦伯的官僚制理论为基础的传统政府组织模式的弊端所进行的反思和发展。美国学者戴维·奥斯本和特德·盖布勒于20世纪90年代所著的《改革政府：企业精神如何改革着公营部门》一书中提出了企业家政府理论，该理论不只是对传统行政模式的反思，更是将企业文化与行政文化融合的典型。我国率先提出了服务型政府理念。党的十六届六中全会通过的《中共中央关于构建社会主义和谐社会若干重大问题的决定》对构建社会主义和谐社会做出了全面部署，明确要求"建设服务型政府，强化社会管理和公共服务职能"。党的十九大报告中仍强调要"转变政府职能，深化简政放权，创新监管方式，增强政府公信力和执行力，建设人民满意的服务型政府"①。西方国家虽然没有"服务型政府"这一说法，但是服务型政府理论及其精神实质却集中或散见于西方公共行政理论、经济理论以及西方行政实践中。

总之，文明因交流而多彩，文明因互鉴而丰富。人类文化和文明发展进步的过程表明，一种文化能够通过与其他文化交流碰撞和冲突融合而保持其生命力，是实现自我更新和自我发展的重要条件。研究行政文化之间的冲突与融合是为了构建新时代我国的行政文化，相信新时代我国的行政文化亦会在与传统行政文化、西方行政文化的冲突和融合中熠熠生辉。

---

① 习近平. 决胜全面建成小康社会 夺取新时代中国特色社会主义伟大胜利——在中国共产党第十九次全国代表大会上的报告 [M]. 北京：人民出版社，2017：39.

[6]

行政文化的变迁与新时代我国行政文化的发展趋势

由行政文化的传播带来的冲突与融合现象，终将产生行政文化的变迁。行政文化变迁是一个历时性和共时性共存的过程，也是行政文化不断适应社会经济基础而发展、进步的客观过程。西方行政文化从古至今大概经历了古希腊时期、古罗马时期、中世纪、文艺复兴及启蒙运动时期、现代工业文化阶段和后现代文化阶段等变迁历程。我国行政文化的变迁大概经历了伦理型、制度–伦理型和法治型行政文化等样态。新时代我国行政文化的发展主要会向参与型、法理型和服务型行政文化的趋势演进。

6.1 行政文化的变迁

6.1.1 行政文化变迁概述

6.1.1.1 行政文化变迁的概念及特点

（1）行政文化变迁的概念

要研究行政文化变迁，有必要先对文化变迁的相关理论稍作了解。文化变迁是许多学科研究的主题，这些学科包括人类学、社会学、传播学和文化哲学等。文化变迁，通俗言之，就是文化的变化过程。文化变迁的发生有些是无意识的，有些是有意识的，有意识的文化变迁包括文化主动变迁、指导性变迁和强制性变迁等。关于文化变迁的理论研究已经非常丰富。比如，人类学领域包括文化变迁的古典进化论学派、传播学派、历史学派、功能学派、心理学派、文化相对论学派、新进化论学派等[①]；在社会学、哲学领域除了上述流派外，还包括冲突理论、循环理论或马克思主义理论等。[②]

文化变迁是决定论的还是非决定论的？文化变迁是线性的还是非线性的？对此，有如下观点可供了解：

第一，文化变迁的宿命论。这种观点认为，文化变迁的路线是既定的，既定的路线由文化内在的必然性所决定，相对于文化必然性，人无能为力。这种观点还认为，文化变迁具有普遍一致的过程，该过程从特定的起点开始，经由特定的阶段到达特定的终点。在文化变迁的动力上，宿命论者主张决定论。

第二，文化变迁的调适论。调适论在文化与人的关系上主张决定论，侧重于诠释人类文化的内部结构及其协调关系，其理论目标不在于追求文化变迁的同一性，而在于说明其多样性。对于文化变迁的过程，调适论持非线性和多样性的观点。

第三，文化变迁的建构论。建构论在文化变迁的过程方面持线性的观点，但认为人具有能动性，人不仅能够自觉地认识文化变迁的过程，还能有计划地建构这一过程。建构论的能动观点在于，强调社会工程和规划的观点及更具体的终结观，认为现代文化变迁不是一个自发的从下而上的过程，而常被认为是自上而下地发动和控制的过程，是由开明的政治精英通过有目的、有计划的努力决策，使他们的国家摆脱落后实现的。

第四，文化变迁的偶发论。偶发论认为，文化变迁的动力在于个体或个体之间的互动，但变迁没有目的性和计划性，而是不同个体的不同目的和不同行

① 伍兹 C.文化变迁［M］. 何瑞福，译. 石家庄：河北人民出版社，1989：1.
② 什托姆普卡 P.社会变迁的社会学［M］. 林聚任，等，译. 北京：北京大学出版社，2011：95–147.

◄ 97 ►

动导致的合力结果，是杂乱无序的个体行动导致的整体的有序过程。变迁的路径具有多样性和不确定性，但又具有方向性。偶发论很少关注经济或文化结构，而更多关注的是个体及其行动。

第五，文化变迁的历史唯物论。马克思主义哲学中的历史唯物主义不仅实现了文化变迁过程的线性与非线性统一，也实现了文化变迁动力的决定论与能动论统一，并将这两方面的统一建立在历史唯物主义基础之上。①

我们研究行政文化的变迁及相关内容，必须坚持马克思历史唯物主义理论的指导地位。行政文化作为一种特殊的文化样态，其变迁是文化变迁的一部分。行政文化变迁是指行政文化随着社会经济、政治、文化、科技等的发展而在内容、结构、功能、特征等方面发生变化的现象。一般地，行政文化变迁是一个历时性和共时性共存的过程，也是行政文化不断适应社会经济基础而进步的客观过程。结合上述五种文化变迁理论，我们认为，行政文化的变迁在根本上是由社会生产力决定的；在现实层面受到行政实践的支配；其变迁过程是线性与非线性的辩证统一，是决定论与能动论的辩证统一。

（2）行政文化变迁的特点

行政文化的变迁是一个历史过程，是持续性、曲折性和前进性的辩证统一过程。

行政文化变迁的持续性是指行政文化的变迁是随着社会生产力的发展而具有的持续变化、持续发展、持续进步的特性。行政文化的持续性现象表现在两个方面：一方面，行政文化处在不断地变化和发展之中，新的行政文化要素不断出现并注入行政文化之中，使行政文化具有更加丰富的内容和形式，同时，旧的行政文化要素因无法适应时代变迁而消失或因条件变化而演变，一增一减，此消彼长，使行政文化持续变动；另一方面，任何具体的行政文化都是对已有行政文化的扬弃、继承或延续，同时自身又在时间和空间上推移，向其他类型的行政文化渗透、转移和演变。根据马克思主义唯物辩证法的"否定之否

---

① 吴德群. 文化变迁：理论与反思 [J]. 百色学院学报，2015（1）.

定"的基本规律，行政文化的变迁具有曲折性。行政文化变迁是行政文化量变和质变的统一，其根本动力来自于经济、政治和社会的发展，其变迁方向必须与社会前进方向保持总体上的一致，因此，总体来说，行政文化变迁的方向是前进性的。然而，行政文化的变迁不可能是一帆风顺的，社会环境的改变，政治、经济、文化中消极因素的影响以及落后行政文化的阻碍都会使行政文化变迁遇到曲折，出现停滞、倒退、逆行等多种状况。因此，行政文化的变迁是前进性和曲折性的统一，其中前进性是主导，决定行政文化总体上是由低级向高级发展。①

行政文化变迁的持续性、曲折性和前进性的辩证统一过程，是通过行政文化的传播与创新、冲突与融合等方式实现的。

6.1.1.2　行政文化变迁的过程与行政文化创新

（1）行政文化变迁的过程

行政文化变迁到底是如何发生的？根据文化变迁的相关理论，有人认为文化创新是文化变迁的基础，有人认为文化传播是文化变迁的根本原因。我们认为，文化和行政文化作为上层建筑的范畴，其变迁根本上是由经济基础决定的，即是由社会生产力的发展决定的。也就是说，行政文化变迁的基础是由社会生产力发展带来的社会经济发展，这也是行政文化变迁的根本原因。行政文化传播是一种特殊的行政实践，它是行政文化变迁的过程之一。行政文化创新是行政文化变迁的必然结果，当然，行政文化创新也会引起行政文化的变迁，但它绝不是行政文化变迁的基础。

综上所述，行政文化变迁的过程，是指行政文化随着社会生产力的发展不断进步的过程，这一过程由行政文化的传播、整合和社会化等构成。

首先，行政文化的传播，是指不同的行政文化之间相互交流的复杂互动过程，传播的速度和有效性取决于双方行政文化特质的差异和自身行政文化发展的需要。一种行政文化总是有目的地借用另一种行政文化的内容，通过传播接

---

① 方浩伟. 行政文化变迁研究［D］. 湘潭：湘潭大学，2016.

收异质文化内容，经过适应性改造，最终为我所用。在较早历史时期，当各民族区域还处于相互隔绝的状态时，行政文化的传播范围极小，各区域的行政文化变迁基本是内生的，即使如此，像中国这样的多民族国家，国家内部不同民族之间的行政文化传播却是在不断进行的，汉族处于政治经济发展的领先地位，其行政文化对各少数民族产生了重要影响，推动了中国行政文化的融合发展。随着地理大发现和生产力的发展，全球范围内的联系开始出现并日益频繁，经济全球化推动文化全球化，特别是以互联网技术为代表的第三次全球化浪潮将世界连接成"地球村"，西方国家科学、理性的现代行政文化直接冲击着发展中国家的行政文化，对发展中国家的行政改革产生了不可忽视的影响。

其次，行政文化的整合，是指面对社会环境的变化，将不同的行政文化要素按照时代的要求和社会的需求建构为一个具有内在联系的整体，形成行政文化的新模式。当主导性行政文化仍然可以适应时代要求和社会需求时，就会将新出现的行政文化要素、成果整合进现有的模式，对现有行政文化形成很好的补充。而当主导性行政文化已经无法适应社会环境的变化时，新出现的行政文化要素和成果就无法进入原有的行政文化体系，新、旧行政文化要素相互冲突，导致行政文化产生混乱，使原有的整合模式失去作用，最终形成新的行政文化模式。[1]

最后，行政文化社会化，是指以行政组织为主体，通过多方配合，将行政管理过程中的价值观念、信仰、态度感情以及行为方式等传递灌输给行政人员或社会成员，以形成共同的行政文化观念的过程，同时也是行政人员和社会成员根据其自身的理解和认知去内化、影响行政文化的过程。行政文化的社会化是一个主体与客体互动的过程，是一个持续反复的过程，只有在互动的过程中，行政文化才能不断发展和完善，只有持续反复地进行，才能深化人们的认知和理解。[2]

可见，行政文化的变迁是从行政文化的传播开始，经过行政文化的整合最

---

① 方浩伟. 行政文化变迁研究 [D]. 湘潭：湘潭大学，2016.
② 张清博. 行政文化及其社会化问题研究 [D]. 济南：山东大学，2008.

终实现行政文化的社会化的过程。行政文化的创新不是行政文化变迁的必要过程，虽然它能带来行政文化的变迁。在行政文化变迁的各个阶段，即行政文化的传播、整合和社会化阶段，都有可能产生行政文化创新。

（2）行政文化创新

行政文化创新是指根据社会发展规律和行政发展的内在要求，为稳定或变革行政系统，规范、引导和调整行政行为，而对现有行政文化的改进和补充、发展和完善、破旧与立新，是为适应行政体系内外变化而对行政文化进行的局部或全局的调整。①

行政文化创新产生的原因包括以下几个方面：

第一，行政改革。行政活动是行政文化产生和存在的基础，行政改革也成为行政文化创新的直接因素。行政改革大体上包括以下四种：一是行政目标与行政原则的变化。这直接牵动着行政文化的总体面貌，导致行政文化的质的变化，决定着其他部分的相应变化。行政目标与行政原则一般由政治形态和经济体制所决定，随政治形态与经济体制的改变而改变。二是行政职能的转变。行政职能随国家与社会、政府与市场的关系的变革而改变。在计划经济体制条件下，行政职能主要是直接管理经济；随着社会主义市场经济的建立和完善，行政职能逐渐由管理转向了服务。三是行政组织的变革，包括管理幅度和管理层次的设置、机构的精简和人员的调整等方面。四是行政方式和行政技术的变化，这种变化是长期的。行政方式的变革要求行政观念的创新，对行政人员的素质、能力等也会提出新的要求。

第二，政治改革。行政是政治的核心部分，任何政治变革都直接引起行政系统及行政文化的变化。政治改革是指政治关系的调整和完善，即政治领导集团根据社会利益矛盾状况及其对政治权力的要求，有计划、有步骤进行的旨在改进政治体系、调节政治关系，以巩固和完善其政治统治的政治过程。政治改革主要根源于不同利益方之间的矛盾，其实质就是政治关系的调整，最终落实

---

① 王聪. 新时期我国行政文化创新初探 [D]. 泉州：华侨大学，2008.

到政治体系的变动中。一般可以认为政治职能包括四个方面：社会服务、社会管理、阶级统治、社会平衡。这四个方面的相互关系处于不断互动和调整的过程中。这个过程会带来行政文化的变化。

第三，经济发展。经济发展水平决定着一个社会的整体发展程度，也决定着其行政文化的阶段性特征。经济发展过程对行政不断地提出新的要求，行政对经济发展的适应自然地引起行政文化的变化。行政文化应与经济发展的阶段相适应这一原则是始终不变的。经济体制转型也会导致行政文化的变异。如果说经济发展推动行政文化发展的基本特征是渐进的，那么经济体制变革带来的则是根本性的冲击。经济关系变化将驱动行政文化的变化。此外，引起行政文化创新的因素还包括社会文化的更新和全球化的深入等。①

在我国，行政文化的创新，要坚持马克思主义为理论指导，要坚持以人民为中心的原则。行政文化发生的变化是不是"创新"，其衡量标准如下：第一，是否有利于中国特色社会主义行政文化功能的有效发挥；第二，是否有利于中国特色社会主义行政管理实践活动的顺利实施和水平的提高；第三，是否有利于推动中国特色社会主义行政管理体制改革，尤其是使人民满意的服务型政府的构建；第四，是否有利于促进中国特色社会主义的文化繁荣。

6.1.2 中外行政文化变迁的历程梗概

6.1.2.1 中国行政文化变迁的历程梗概

中华文明源远流长，中国是世界文明古国中民族主体文化从未中断的唯一国家。行政文化是政治思想文化演变和分化的结果，因而研究和探讨行政文化——在中国传统政治文化体系中居于主干层次的文化现象——产生、发展及演变的规律，就不能不沿着中国政治思想文化发展的轨迹追本溯源。

（1）伦理型行政文化

中国文化自伏羲、神农、黄帝以及尧、舜、禹、汤、文、武、周公延续下

---

① 唐检云. 论中国行政文化创新［D］. 湘潭：湘潭大学，2001.

来，一脉相承，到孔子而集其大成，此后儒学彰显，至宋、元、明、清延绵不绝数千载，大体显示出儒学始终居于主导地位，儒、释、道、法等相互兼容融合、渗透兼长的特征。这种总体性的思想文化特征与高度中央集权的君主专制政体相适应并且较为清晰地体现出一种滞后的、封闭型的、缓慢直线型的演绎趋向，呈现出一种阶段性的、渐进性的变迁轮廓。

第一，"仁德行政"主流文化的变迁及其对行政的影响。

寻求顺天应人的治国安民之道，构建起完善的社会政治运行机制，是儒家学说阐述得最多、最集中的问题。总括历代儒学对这一问题的阐述和探讨，尽管会有时世的推移而带来的视角差异，但以仁义道德原则作为施政的基本根据，即所谓的"仁德行政"，却是历代儒家学者一以贯之的政治主张。

儒学的开创者孔子特别强调道德在政治中的作用，主张政治与道德应结合为一体，所以，孔子终其一生都在琢磨和研究政治与道德的最佳结合点的问题，他得出的结论是"仁"。孔子认为"仁"是最高的道德标准和道德境界，而政治作为道德的延伸和外化，其最基本的立足点必然也必须是"仁"，因为"仁"是各种善的品德的概括。孔子把个人的品质和修养看成是政治成败之本，《大学》开篇就指出"大学之道，在明明德，在亲民，在止于至善"，因此，治理好国家的关键在于有着良好品德修养的贤明国君。作为最高统治者的君主能够修身、重贤、言行端正，也就是达到"仁"的境界，臣子庶民就会竞相仿效，而不至于走歪门邪道，天下也就达到了大治。儒家关于治世理国以"仁"为核心的学说，也可以说是人治主义的理论源头。

孟子不仅继承了孔子关于"仁"的政治观点，而且进一步发挥和延伸了孔子的思想。孟子认为"仁"本身是天赋的道德观念，不应仅止于个人的修身内省，而应更广泛地施之于社会政治实践过程中，即主张仁政，所谓"内圣外王"是统治者行政的立足之本。孟子所讲的仁政不是空头的仁义道德之论，而是有着实实在在的政治、经济内容。纵观孟子关于仁德行政的论述，大致有五个方面的内容：一是主张给民以"恒产"。所谓"恒产"，就是民众赖以生存的土地、园宅等基本的生产资料。他认为恒产不只是民众的基本生活保障，同时还是统治者能否统治民众的中心环节。"无恒产而有恒心者，惟士为能。若民，则无恒产，因无恒心。苟无恒心，放辟邪侈，无不为已。"①可见孟子把保证民众生活必需作为稳定统治秩序的前提。二是主张赋税徭役要有定制，反对过度的剥削和无限的征敛。因为要使民众生活有保证，就必须以"不违民时"为原则，否则就会造成"父母冻饿，兄弟妻子离散"②。三是主张轻刑罚。四是呼吁要救济生活无着落的穷人，认为行仁政必须先从救济鳏、寡、孤、独做起。五是主张保护工商业者的利益，认为发展工商业是促进社会经济发展的一个重要方面。总而言之，孟子的仁政说的要点在于保民、行德和服民心，这成为儒学的中心理论之一，对中国传统行政文化的构建和发展产生了难以估量的影响。

从孔孟开始，儒家探讨社会政治问题时，基本上都是沿着"仁德行政"这个思路来论述政治中各种关系的。政治与道德都被看作是"由己及人"的一成不变的过程，只不过在不同的时代，由于不同的社会现实需要，使儒家学者在探讨如何"由己及人"的问题上有着不尽一致的见解和主张。

儒家学说历经秦朝一番"洗劫"之后，很快在汉初休养生息的环境下得到复苏，到汉武帝"独尊儒术"时达到极盛，从此主宰中国政治文化近2 000年。《新语·道基》中明确提出以孔孟的"仁德"行政思想来治理历经战乱后百废待兴的国家，认为运用"仁德"治国安邦的关键在于处理好三个关系：一是德与刑的关系，要注意行仁义并不排斥法令，不过法令的作用在于"除恶"，它不能起到"劝善"的作用，劝善要通过统治者的教化才能达到。二是仁与利的关系。三是统治者的政策与民心的关系。③总而言之，民是政治之本。

汉武帝通过采纳大儒董仲舒提出的"罢黜百家，独尊儒术"的主张，表彰六经，把儒学推向巅峰。董仲舒阐述的仁德行政主要表现在两个方面：其一，行教化。他认为"圣人之道，不能独以威势成政，必有教化"④。其二，施仁

---

① 《孟子·梁惠王上》.
② 《孟子·梁惠王上》.
③ 《新语·道基》.
④ 《春秋繁露·卷第十一·为人者天第四十一》.

政。董仲舒认为，政治弊害莫大于贫富对立，所谓"大富则骄，大贫则忧。忧则为盗，骄则为暴"①。他主张统治阶层要善于把握促使贫富矛盾激化的度，推行仁德之政，勿与民争利，唯有如此，方能做到顺天应人，合乎天道。

从总体上看，董仲舒的仁德行政主张是继承和发扬了孔孟的仁德行政思想，同时，他又从现实的社会政治需要出发，把仁德行政扩展到构建和实现国家职能的诸多方面，并使之对君主集权的专制政治的运行进行积极主动的调节。随着儒家学说上升到统治阶级的政治指导思想这样的高度，他关于仁德行政的许多原则性、策略性的论述，不仅奠定和完善了儒家仁德行政思想的基本构架，而且成为历代中央集权政治自我认识、自我批评和自我调节的理论根据。从此，儒家仁德行政思想凝结成一道厚重的文化主线贯穿集权制的国家行政领域，并呈现出强烈的延续性。无论是此后形成的两汉经学、魏晋盛极一时的玄学和隋唐佛学，还是后来出现的宋明理学，凡论及国家行政取向问题时，虽然有多角度、多层面、多方位的议论和主张，但其最终的指归或落脚点都不外乎是"仁德行政"这个根本问题。因此从汉武帝确定了儒学正统的地位后，儒家思想虽然曾经受到玄学和佛教以及释、道合流的冲击，但是，它的正统地位却从没有在根本上动摇过。与此同时，儒家的仁德行政思想也似乎定格为一种一成不变的定律，作为中国传统文化的主体出现，冰溶于水似地分解成思维方式、心理态势、行为习惯等广泛渗透于历代中国人的思想意识和行为之中，成为一种统治者和被统治者普遍认同的法则。

绵延2 000多年的中国封建社会一直实行的是君主专制制度，而儒家学说则强烈地为现实社会政治服务，这就决定了中国传统行政文化在本质上是以维护王权为核心的行政文化。尽管儒家的"仁德行政"主张也有涉及"民生"的诸多内容，但其根本出发点和落脚点还是针对"国计"和服务"王权"的。中国封建社会长期缓慢发展的小农经济和相对凝固的血统、宗法关系不仅决定了君主专制制度的长期存在，而且使君主置于神圣不可冒犯的独裁地位，君权的

---

① 《春秋繁露·卷第八·度制第二十七》.

至上性决定了统治者在思想观念上"一言九鼎"的裁决权，因而各种思想和政治主张只有为巩固王权和维护封建统治秩序服务，并为统治者首肯才有存在的价值，才有可能历代相袭地发展和延续下去。所以，儒家"仁德行政"思想经过董仲舒的系统总结并使其理论框架趋于严密和完善之后，在历朝历代的继承和发展中，都表现出一种明显的对行政权力的依附性和强烈的追求现实政治功利的色彩，表现出长期在一个封闭的体系中运行所具有的务实性、滞后性和顽固性的文化特征。

第二，从"百家争鸣"到"儒学打底，佛老镶边"的伦理型行政文化格局。

先秦诸子百家中，一时并称为显学的儒、道、法、墨等诸家都各执其理，激烈辩诘，相责相长。他们对每一个重大的社会政治问题都能以少者数种、多者逾百种的观点，从不同视点和角度提出各自的看法和主张。

法家反对儒家的仁义道德哲学，主张推行严刑峻法的治国方案，认为仁义道德不足以止乱，只有凭借法度才能治理好国家。法家思想的集大成者韩非提出了一整套法、术、势相结合的理论。韩非认为，统治人民无须讲道德、讲仁义、施爱惠，而是凭力量控制他们，用权势镇压他们，以刑罚畏服他们。明君的治政之道，不在于"使民爱"，而在于"使民惧"。法家强调行政要严刑罚，实施国家的两大行政，即农事与兵事，除了采用行赏的手段，鼓励人民务农和勇战，更主要的是采用刑罚的方式，迫使人民从事耕战。严刑罚的实质还是要"使民惧"。法家的权威主义主张以法治世。君主依法行事，可以齐民使众，定分止争，去私塞怨，兴功禁暴。实行法治，需人人守法，王子犯法与庶民同罪。

墨家的创始人墨子起初"学儒者之业，受孔子之术"，后来又走到了儒家的对立面，自成学派。墨家的主张与儒、法两家都有较大的不同，他们耻于依傍权贵，不留恋富贵，并提出"官无常贵而民无终贱"的口号，以自食其力为乐。墨翟及其弟子结成一个有组织的群体，墨子自为首领，并以"兼爱、尚贤、非攻、非命、非乐"等主张而名动天下。

以老子和庄子为代表的道家吸收了儒、法、墨、阴阳、名、兵、农等多家的思想，可谓熔诸家思想于一炉，但与儒、法、墨等家主张积极入世不同，老聃和庄周都显露出顺从自然而隐名遁世的思想特色。但道家学者基于对宇宙自然、阴阳消长和理想化的"小国寡民"的探讨与寻求，提出"无为而治""平均"等政治主张，正是为了寻求一种他们认为最为"顺天合人"的治世理国的政治原则。他们认为人应以自然为效法对象，遵循自然无为的原则，即"人法地，地法天，天法道，道法自然"①。

汉初推崇黄老之学，汉武帝后流行的是被神化和定于一尊的儒学。西汉初年，是中国从秦朝的法治教育向汉代"独尊儒术"的德治教育转变的时期，汉初统治者吸取秦朝灭亡的教训，为适应现实政治的需要，摒弃了先秦道家的"绝仁弃义"的观点，改变了抨击儒家学说的立场，而将儒家的德治思想与道论相结合，指出统治者要"有天下"，就必须尊奉"安徐正静"的无为之方和贵"柔节"的温和政术。魏晋南北朝时期的意识形态仍以儒学为正宗，但此时儒学已丧失"独尊"的地位，它首先受到玄学的冲击。玄学是"老庄之学"在魏晋时期的特殊表现形态，是适应门阀士族的大土地所有制和身份等级制的需要而形成、发展起来的思辨哲学。玄学理论反映在伦理思想上，就是既主张维护封建统治阶级的纲常名教，又力图追求精神和物质上的绝对自由这样一种矛盾心态。隋唐时期，在思想领域实行了"尊崇儒术，兼重佛老"的政策，儒、释、道三家以"儒学打底，佛老镶边"的方式兼容互补，相辅而行。

宋代社会经济和科学技术的发展，推动了思想和文学艺术的发展。宋代以后，中国政治思想史上出现了一种新的思想形态——理学。理学的思想依据是儒家纲常，理学是一种渗透了释、道思想的新的儒学形态，它发展了儒学思想中的人性学说，如：性即理——对人性与宇宙本体关系的概括，对天地之性与气质之性——人性、物性的异同等问题进行了精密论证，还有义利之辨等儒学中的价值观问题。宋元时期，程朱理学和陆九渊心学仍然固守贵义贱利的传统

---

① 《老子·宇宙观·道法自然》.

观念，并且把理学观点发挥得更加详细周密。

明朝立国以后，即以尊经崇儒为国策。综观明清学术思潮的发展，大体上经历了由程朱理学—阳明心学—程朱理学—汉学的反复曲折的路数。其间虽然出现了带有鲜明色彩的实学思潮，但其代表人物俱是从旧营垒里来，难以从思想上、工具上摆脱旧的羁绊，而东渐的西学既零碎又缺乏统治者的支持，这就决定了它只能处于欲破不能、欲立不许的尴尬境地。

从以上对中国政治思想文化所做的粗线条综述可以看出：中国政治思想文化在大的时间跨度上，总体呈现出一种滞后的封闭型的缓慢发展趋向。占据正统地位的儒学虽然多次受到各种学派学说和外来文化的冲击，但总体上在传统文化领域占据统治地位。而在这种具有超稳定性结构状态下形成的文化主流，也正是从未中断的华夏民族主体文化的一大突出特征，也无疑是民族历史存在的反映。由于儒家思想的出发点和落脚点始终是建立在维护君主专制统治和治国安民的基点上，所以，历代的儒学先贤常以所谓"究天人之际"为"入世之媒"，自觉地以整体的有机思维方法去考辨人生与社会，提出诸多的治世理国的方略，这就使他们的所思所讲乃至所践行的大多数是社会的、政治的、伦理的问题，表现出鲜明的社会功利思想。

我们如果把库恩关于"范式"①的概念引入到行政文化分析中，可把行政文化范式界定如下：依托于一定的社会经济、政治结构，所形成的指导政府活动的一套价值准则或一种文化理念。而根据我国行政文化的历史发展阶段及其本身的特点，可以说鸦片战争前漫长的封建社会使传统行政文化具有高度的伦理整合性，是一种伦理型行政文化。

（2）制度-伦理型行政文化

第一，西学东渐，"民主""科学"对伦理型行政文化的宣战。

鸦片战争爆发以后，中国经历了洋务运动、戊戌变法、辛亥革命、五四运动和新民主主义革命。这一阶段中，开明的文化人士和革命先驱认识到，政治

---

① 库恩 T.科学革命的结构 [M].金吾仑，胡新和，译.4版.北京：北京大学出版社，2012：19.

制度的落后是中国国力衰弱的原因，他们或对封建专制制度口诛笔伐，批判吃人的礼教制度；或起而行动，以革命手段推翻旧制度。当时西方的民主政治制度的示范效应使中国的爱国者在探求救国真理时，引进了西方民主主义文化，学者们介绍和宣传洛克、孟德斯鸠、卢梭、潘恩和杰弗逊等人的自然权利、主权在民、社会契约和权力分立的思想。洛克关于行政、立法和对外的"三权分立"，是西方分权学说的最早来源。孟德斯鸠把它发展为行政、立法、司法的"三权分立"。他认为在一个自由的国家里，立法权应该由人民享有，应属于人民代议机关，国家则是行政权的执行者。国家的"三权分立"彼此独立，相互牵制，这样人们的自由就有保障。"三权分立"是权力约束权力，使各种权力相互平衡，保证民主制的实行。卢梭特别强调人民是主权者，国家代表人民最高的共同意志，即"公意"。如果政府违反"公意"，夺了主权，人民有权推翻它。立法权是人民主权的主要形式，行政权是立法权派生的，司法权是行政权的使用。卢梭的人民主权思想在美国的《独立宣言》、法国的《人权宣言》以及两国的宪法中有很大程度的体现。这些新学说的输入无疑从思想基础上动摇了封建专制制度。不仅如此，这一阶段的主流是革命者从事制度创新的实践活动，有维新变法派对君主立宪制的尝试，资产阶级革命派对资本主义民主制度的推行和中国共产党领导的新民主主义革命及其以后的社会主义的实践，这些对中国的特权观念、等级观念、人治思想和专制思想都产生了极大的冲击，使中国的行政文化向着民主、开放、平等的目标迈进。

第二，"三大主义"的整肃催生了中国现代行政文化的萌芽。

延安时期到中华人民共和国成立这一阶段，由于受到了伦理型行政文化的冲击，以文艺界为起点，中国共产党党内开始出现了一些以唯心论、教条主义、空想、空谈、轻视实践、脱离群众为特点的不正之风。这种不正之风不仅在文艺界中，在其他方面也都不同程度地存在着，因而引发了整风运动。1942年，毛泽东在《整顿党的作风》中说："现在我们党还有什么问题呢？……就是有几样东西在一些同志的头脑中还显得不大正确，不大正派。这就是说，我们的学风还有些不正的地方，我们的党风还有些不正的地方，我们的文风也有些不正的地方。所谓学风有些不正，就是说有主观主义的毛病。所谓党风有些不正，就是说有宗派主义的毛病。所谓文风有些不正，就是说有党八股的毛病。这些作风不正，并不像冬天刮的北风那样，满天都是。主观主义、宗派主义、党八股，现在已不是占统治地位的作风了，这不过是一股逆风，一股歪风，是从防空洞里跑出来的。……主观主义、宗派主义、党八股，这三股歪风，有它们的历史根源，现在虽然不是占全党统治地位的东西，但是它们还在经常作怪，还在袭击我们，因此，有加以抵制之必要，有加以研究分析说明之必要。反对主观主义以整顿学风，反对宗派主义以整顿党风，反对党八股以整顿文风，这就是我们的任务。"①这里提到反对"三大主义"就是对民主主义行政文化中的不良伦理型行政文化的整肃，力求把人们头脑里残存的一些封建习气清除，从而逐渐建立起民主主义的思想，而党的作风问题是行政文化中的一个重要组成部分。延安整风运动催生了中国现代行政文化的萌芽。

中华人民共和国成立之初，政治、经济、文化等各个领域都亟待恢复和发展，领导层在探索中积极寻求发展的良策。他们力图摒弃伦理型行政文化中的残余，努力建立、完善政治、经济及文化等各项制度，使得整个社会能在制度化的基础上得以快速发展。这一时期的行政文化具有了制度型行政文化的雏形。

第三，庐山会议与"文化大革命"导致行政文化的短期倒退。

1957年的庐山会议打破了制度型行政文化的初始发展结构，导致了民主行政文化的倒退，人们的思想受到了严重的扭曲，个人主义开始泛滥；从"大跃进"到人民公社到全民炼钢，个人崇拜达到顶峰。这伤害了党内一大批讲究实事求是、敢于讲真话的同志；同时经过"反右倾"，"左"的思想和理论更加系统地发展起来，造成了长期、严重的思想混乱。由于林彪等人借助庐山会议，竭力制造和宣传对毛泽东的个人崇拜，人为地提高毛泽东的个人威望并使之公开化、合法化，借助文件强调"破坏党的领袖威信就是反党行为"，从而

---

① 毛泽东. 毛泽东选集：第三卷 [M]. 北京：人民出版社，2009：811-812.

强化了党内高层对毛泽东个人意见必须绝对服从的观念，滋长了毛泽东的个人专断主义思想和党内个人崇拜现象，呈现出理论和实践的脱节，破坏党内从基层到中央的民主生活。可以说，阶级斗争理论和实践的错误发展，终于导致了十年"文化大革命"的产生，也导致了中国行政文化短时期内的倒退。

综观这一阶段的行政文化变迁过程，是以尊重个体人性要求的自由平等观念和以民主制度为价值核心的行政文化与泯灭个性、"君贵民轻"的封建专制的伦理型行政文化的激烈较量时期。它们体现了认识论上的两极，前者力图否定后者，并确立它的主导价值观念的地位。但是，由于伦理型行政文化赖以生存的人伦关系并未根本消逝，它对政府行政观念和政府权力运作还有很强的渗透力，在特定情况下，甚至表现出顽强的生命力来压制新质文化，使新的制度发生危机。历史上的维新派的失败，袁世凯窃取资产阶级革命果实、复古称帝等，都是传统君权至上行政文化回潮的表现。所以说，虽然这一阶段民主的制度型行政文化对传统伦理型行政文化有一定程度的冲击，并使新质的文化成分在政治生活中扩散和强化，成为政府体制架构和权力关系安排的主导价值原则，但在实际的权力操作和个人价值运转中，传统的伦理型行政文化确立的价值观念仍以很大的惯性在潜移默化地起着作用。因此，我们可以称这种由制度型行政文化和伦理型行政文化两种价值体系并存于政治生活中的行政文化模式为二元化结构特征的制度–伦理型行政文化。

（3）法治型行政文化

法治型行政文化是市场经济和民主政治时代的产物，其内容包括以下几个方面：在权力主体意识上，法治型行政文化要求由人治向法治转变；在个人价值取向上，它要求由身份取向向成就取向转变；在社会管理观念上，它要求由全能的行政控制向以市场为主导的服务型转变。我国的法治型行政文化可以说主要经历了两个阶段：法治型行政文化的出现和法治型行政文化的发展。

第一，社会主义市场经济催生了法治型行政文化的出现。

1978年12月18日，在中华民族历史上，在中国共产党历史上，在中华人民共和国历史上，都必将是载入史册的重要日子。这一天，我们党召开十一届三中全会，实现中华人民共和国成立以来党的历史上具有深远意义的伟大转折，开启了改革开放和社会主义现代化的伟大征程。①它从根本上冲破了长期"左"倾错误的严重束缚，重新确定了马克思主义实事求是的思想路线，全面恢复了毛泽东思想的本来面目，并高度评价了"关于实践是检验真理的唯一标准"问题的讨论，彻底解除了"两个凡是"的束缚。其政治指导思想让假大空的形式主义、脱离群众的官僚主义、轻视实践的教条主义，以及不思进取的暮气和落后腐败的习气在行政人员身上不再蔓延。

正如习近平总书记在庆祝改革开放40周年大会上的讲话中指出的：党的十一届三中全会是在党和国家面临何去何从的重大历史关头召开的。当时，世界经济快速发展，科技进步日新月异，而"文化大革命"十年内乱导致我国经济濒临崩溃的边缘，人民温饱都成问题，国家建设百业待兴。……在邓小平同志领导下和老一辈革命家支持下，党的十一届三中全会冲破长期"左"的错误的严重束缚，批评"两个凡是"的错误方针，充分肯定必须完整、准确地掌握毛泽东思想的科学体系，高度评价关于真理标准问题的讨论，果断结束"以阶级斗争为纲"，重新确立马克思主义的思想路线、政治路线、组织路线。从此，我国改革开放拉开了大幕。②

改革开放后，中国的社会开始由封闭走向开放，政治生活逐渐走向制度化和法制化，经济体制改革取得了很大的成就，传统的各项体制逐步让位于新体制。尤其是党的十四大明确提出了建立社会主义市场经济体制的改革目标，市场经济的确立是社会文化更新的经济基础和深远动力，行政文化也逐步发生质的变化。社会主义市场经济是法治经济，市场经济的法治性和民主政治的时代潮流要求政府依法行政。党的十五大"依法治国"方略的提出，使得公共行政开始告别权力人格化的时代，向权力法治化时代迈进，于是，法治型行政文化

---

① 习近平. 在庆祝改革开放40周年大会上的讲话 [EB/OL]. (2018-12-18). http: //cpc.people. com.cn/n1/2018/1218/c64094-30474794.html.
② 习近平. 在庆祝改革开放40周年大会上的讲话 [EB/OL]. (2018-12-18). http: //cpc.people. com.cn/n1/2018/1218/c64094-30474794.html.

应时而生。

第二，政治文明拉动了法治型行政文化的发展。

中国加入了WTO后，市场经济得到了迅猛的发展，法治型行政文化在新的时代背景下也得到发展。法治型行政文化要求经济至上的文化权威取代政治至上的文化权威，个人权力和社会权力从政府集权状态中分离，成为制约政府权力的力量，政府和公民建立新型的官民契约关系，革除传统行政文化中的"官贵民轻""官贵民贱"等思想，确立一种"官民平等""主权在民"的官民契约关系。行政人员是人民的"公仆"，人民是政府的"主人"，公民有权参与政治生活和监督政治生活。这一点在我们新一代领导人的身上得到了很好的体现。2018年3月17日，在亿万人民的瞩目下，新当选国家领导人进行宪法宣誓。这是我国国家领导人首次进行宪法宣誓，也是宪法宣誓制度实行以来首次在全国人民代表大会上面对全国人大代表举行宪法宣誓。新当选的国家领导人尤其是习近平同志作为党、国家、军队最高领导人带头进行宪法宣誓，树立了尊崇宪法、维护宪法、恪守宪法的楷模，彰显了以习近平同志为核心的党中央坚持依宪治国、依宪执政的坚强决心，①这也体现了国家领导人希望全国人民强化宪法和法律精神，强化参政、督政的主人翁意识。此外，我国的"政治局向中央委员会述职"这一举措，可以说也体现了彻底告别几千年来"皇权高于一切"的封建思想，体现了国家领导人将自己看成了普通大众的一员，自觉地将个人的一切置于广大人民的监督之下，不把党和人民赋予的权力私有化，更不拿这些权力进行幕后交易。这对于打破官本位思想、构建新时代的行政文化具有巨大的现实意义。

综观行政文化的变迁，我们可以看到，中国封建社会长期缓慢发展的小农经济和相对凝固的血缘、宗法关系决定了中国传统行政文化在本质上是以维护王权为核心的，这决定了君主专制的长期存在，而且君主是独揽大权、处于神圣不可侵犯的地位。随着时代的发展和经济基础的变化，传统的"皇权高于一

---

① 周婧. 宪法宣誓有何重大意义？[EB/OL]. (2018-05-23). http://www.banyuetan.org/szjj/detail/20180523/1000200033135991527056703153781876_1.html.

切"的行政文化逐渐失去存在的根基。但是根深蒂固的传统行政文化，特别是
"集体无意识"的深层的传统民族文化心理结构，始终没有分崩离析，反而以
不同方式产生着消极作用。中国人民虽然在中国共产党领导下，在政治上、经
济上消灭了封建主义，逐步实现了从以阶级斗争为纲向以经济建设为中心的转
变，逐步由集权式行政文化向参与式行政文化转变，由全能型行政文化向有限
型行政文化转变，由领导型行政文化向服务型行政文化转变，由人治型行政文
化向法治型行政文化转变，但是，在思想上、文化上尚没有彻底挣脱封建主义
的束缚。当我们在跨进中国特色社会主义新时代的大门时，脚踏的是具有久远
历史的自然经济土壤，四周依然环绕着封建主义文化氛围。因而，在对我国行
政文化加以分析和研究的同时，更应注意到与当前实际情况的结合，构建新时
代的行政文化任重道远。

6.1.2.2　西方行政文化变迁的历程梗概

（1）古希腊时期

希腊文化是西方文化之母，西方行政文化肇端于古希腊时期。古希腊是一
个地区的称谓，而不是一个国家的名称。古希腊的地理范围主要是以巴尔干半
岛及其周围岛屿为中心，北及黑海沿岸，南达北非的埃及地区，东至亚洲西部
的小亚细亚，西到地中海的亚平宁半岛、西西里岛、马赛利亚（今法国马
赛），直达伊比利亚半岛最南端与非洲隔海相望的直布罗陀。[①]在世界古代文明
中，古希腊文明对西方文化的影响最为深远。古希腊行政文化是在城邦制度中
形成的。约在公元前800年，古希腊出现了一些城镇和较大的村落，随着贸易
的发展，这些城镇逐渐成为永久居住地，且越来越具有城市的格局，后来，这
些城市围绕市场和防御工事发展成了政府的所在地，这就形成了古希腊最负盛
名的政治组织——城邦。著名的希腊城邦有雅典、底比斯、斯巴达、科林斯、
米利都等。如果根据形成条件和地位来划分，希腊城邦有三种：一是以米利
都、叙拉古为典型的移民城邦；二是以斯巴达为典型的因种族政府而形成的城

---

① 姜守明，洪霞. 西方文化史 ［M］. 北京：科学出版社，2004：11.

邦；三是以雅典为典型的由氏族社会发展而自行演化而成的城邦。①

希腊城邦制度孕育出了一系列影响深远的政治概念，如公民、政治生活、宪法、政府、政治家等。希腊城邦的居民按照政治地位可以划分为三大类：一是拥有公民权因而能够参加政治活动的自由人；二是没有公民权的自由人，包括外来城邦的移民、因违法而被剥夺了公民权者、因贫困及其他原因而失去公民权者，以及被释放的奴隶等；三是处于被剥削、被奴役地位的奴隶。②希腊城邦政府与现代意义上的政府有所不同：一是城邦政府是参与性的，城邦就是全体公民③的城邦，全体公民参与政府工作，而没有诸如法官、文官等雇佣人员，并且由于从来没有像现代这样的"政治实体"概念，所以，城邦内没有常备军（除僭主当政时期），城邦之间没有战争，只有城邦人之间的战争，即只有"斯巴达人打雅典人"而没有"斯巴达打雅典"。二是女子不参与政治生活，并且在财产、提出诉讼等方面的法律权利也有所限制。④古希腊人对智慧充满热爱，其集中表现就是对理性的强调，这种理性又集中体现在希腊城邦政治生活中，在城邦集会和各项政治活动中都用理性演说的形式表达。这样的处理政治事务的方式避免了暗箱操作，使政治权力不是少数人愚弄多数人的工具。民主化和公开化是古希腊行政文化的特征，理性是其中的准则。古希腊早期的行政思想中就出现了零碎的"和谐""平等""均衡"等思想和原则。苏格拉底是西方哲学和科学理性主义主流传统的开创者，他认为"美德即知识"，人的灵魂和身体的善是和谐有序的整体，政治家的首要任务就是塑造公民的灵魂，引导公民追求善，过一种理性、和谐的生活。随着城邦制度的不断发展，古希腊行政文化中出现了正义与平等思想的萌芽。公元前594年的梭伦改革所依据的就是正义原则，他试图在城邦利益相互冲突的各阶层之间找到一根"界

---

① 董小燕. 西方文明：精神与制度的变迁 [M]. 上海：学林出版社，2003：8-9.
② 王立新. 西方文化简史 [M]. 郑州：河南人民出版社，2005：76-79.
③ 古希腊的"公民"只限于少数人，主要是指那些在统治阶级中拥有公民权的人，奴隶、外邦人等都没有公民权。自由人要获得公民资格，还会受到财产资格的限制。即使在拥有公民权的公民中也只有少数人能实际行使公民权。这与公民权扩大到所有成年公民的现代政治是不同的。参见施雪华. 政治现代化比较研究 [M]. 武汉：武汉大学出版社，2006：93.
④ 勒纳 RE，等. 西方文明史 [M]. 王觉非，等，译. 北京：中国青年出版社，2003：105-107.

桩"——正义与平等，以稳固城邦基础。柏拉图的著作《理想国》通篇都是围绕正义标准而展开探讨的。亚里士多德把正义视为最完美的德行。[①]

城邦制度是一种伟大的政治实践，是一种制度创新。它所孕育出的古希腊行政文化对后来西方行政文化的形成与发展产生了不可磨灭的影响。西方人追溯、探讨思想史时会言必称古希腊，甚至有人认为，古希腊的民主制度到目前为止仍然无法超越。

（2）古罗马时期

罗马，不仅仅是一个伟大的帝国，它还拥有一段古老、悠久而又辉煌的历史，它更是沟通东西方的历史桥梁。在古希腊文化的余晖还没有消失殆尽之时，深受其影响的另一个文明——古罗马文明——已经开始在西边的台伯河两岸崛起。罗马帝国是由台伯河沿岸的一个小村庄发展起来的。几乎在亚历山大征服东方的同时，罗马就已经成为意大利半岛的主宰。到公元前1世纪末，罗马已经统治了几乎整个希腊世界和欧洲西部。罗马对希腊化地区和北非文明迦太基的征服和摧毁，使地中海成了一个"罗马人的湖泊"。此间，罗马把其承继并改造的希腊文明带到地中海世界的西半部。罗马向莱茵河和多瑙河的北进，又将地中海的城市文化带入仍处于铁器时代的地区。[②]

考古研究表明，罗马城是由拉丁语民族及后来的罗马人于公元前753年建立的。以它为基础的全部罗马史可分为王政、共和、帝制三个阶段。从罗马建城到公元前509年，是罗马的王政时期。这一时期一共有七个"王"进行统治。当时，所谓的"王"，是统领众人作战、体现城邦共同利益的德高望重者，而不是享有至高无上权力的专制统治者。罗马王集军事首长、行政首脑和最高祭祀于一身，其中军事首长是其主要职衔。罗马王是神的代表，他的权力除了受到传统和习惯的限制，还受到元老院和库利亚大会的制约。罗马王是终身制，但不能世袭，由库利亚大会选举产生，并由元老院通过。公元前509年，罗马人推翻了最后一个王的专制统治，推举布鲁图斯和柯拉提努斯两人担

---

① 董小燕. 西方文明：精神与制度的变迁 [M]. 上海：学林出版社，2003：21-32.
② 勒纳 R E，等. 西方文明史 [M]. 王觉非，等，译. 北京：中国青年出版社，2003：163.

任执政官，由他们共同治理罗马。从此，罗马建立了共和政体，罗马作为国家的历史开始了。共和初期的罗马是贵族的共和国。罗马共和政体的发展与完善得益于罗马对意大利的征服和贵族与平民之间的斗争这两个主要因素。罗马共和体制的精要在于执政官、元老院和民众三方权力并存并且相互配合、相互制约。执政官具有行政权，尤其是他被授予大权带军队打仗时，更享有绝对的权力。元老院是罗马共和时期最有权势的机构，其权力是广泛而巨大的。罗马的"人民"大会理论上是罗马整体结构中的最高权力机关。罗马共和国经历了半个世纪的发展，于公元前27年进入了帝国时代。与世界上所有君主专制国家一样，罗马帝国政治统治的支柱是庞大的军队和官僚机构。罗马帝国时期的行政管理十分发达，形成了一定的体系。帝国时期罗马行政体制的特点是灵活、宽容与注重实践。罗马帝国初期的200年是罗马的鼎盛时期，是罗马最辉煌、最昌盛的时期，史称"罗马和平"。公元476年，西罗马最后一位皇帝罗慕路在日耳曼雇佣军官奥多亚塞的逼迫下退位，这标志着西罗马帝国的灭亡。

恩格斯在《论封建制度的瓦解和民族国家的产生》一文中这样写道："罗马法是纯粹私有制占统治的社会的生活条件和冲突的十分经典性的法律表现，以至于一切后来的法律都不能对它做任何实质性的修改。"[①]罗马法有广义和狭义之分，广义的罗马法指罗马历史上的整个法律制度体系，狭义的罗马法仅指罗马民法。恩格斯在这里所讲的是狭义的罗马民法，现代国家要创制调整经济关系的民法，没有哪一个能绕过罗马法的。罗马法是罗马最宝贵的制度文化财产，是第一个世界性的法典，它的产生和完善标志着人类文明的巨大进步。

罗马法本身包含了三个层次的内容：第一层次，从形式上可以区分为成文法和不成文法（即习惯法）。公元前451年至公元前450年公布的《十二铜表法》，意味着司法的某种公开性，体现了罗马以法治国的精神，标志着罗马人从习惯法走向成文法的开端，具有重大的历史意义。第二层次，从性质上可以区分为保证整个国家和公共利益的公法与保护一切私人利益的私法（即民法）。

---

① 马克思，恩格斯. 马克思恩格斯全集：第21卷［M］. 中共中央马克思恩格斯列宁斯大林著作编译局，译. 北京：人民出版社，1965：454.

第三层次，从私法的角度可以区分为民法、万民法和自然法。罗马法的最后完成以东罗马（拜占庭）皇帝查士丁尼（483—565年）组织编纂的《民法大全》为标志。完整的罗马法体系不是按照立法程序形成的，而是通过法学家及法律学说逐步完善起来的。[①]

　　与古代其他社会的法律相比，罗马法有两大显著的特点：一是罗马法不是神法，而是人法。同时期的法律大多以神的名义颁布，如两河流域的《汉穆拉比法典》[②]称法律条文是太阳神的意志，印度的《摩奴法典》[③]假借摩奴神之名，而《十二铜表法》是以世俗的名义发表的。二是罗马法是面向实际而非唯理的法律，即罗马法比较注重实际，随着实践而不断地修正。当实践与理论相矛盾时，罗马人也不会抱着迂腐的理论不放，而是比较务实地致力于实际的需求。[④]

　　值得强调的是，罗马的行政物质文化对后世影响很大。罗马的行政物质文化主要表现在其工程建设方面。"条条大路通罗马"，帝国时期罗马人修建了纵横交错的道路，还有大量的桥梁、水道、集议场和浴池等公共设施，其中许多至今还存在。罗马建筑融艺术性和实用性为一体，是拱顶、圆拱和圆屋顶风格的典型，著名的如罗马万神殿、凯旋门、古罗马竞技场等。罗马的雕刻艺术也堪称一绝。罗马的建筑形式流传至今，许多政府大楼的设计中都含有罗马建筑元素。奥古斯都时代的雕刻艺术也在现代公园和街道的骑士雕像、纪念拱门和石柱以及罗马政治家和军事家的石像上得以再现。

　　（3）中世纪

　　中世纪，又称"黑暗时代"，它是一段历史，也是蒙昧、落后、倒退、黑暗的代名词。在这段历史时期，以人本精神和理性为核心的古典文明隐而不

---

① 姜守明，洪霞. 西方文化史 [M]. 北京：科学出版社，2004：78.
② 《汉穆拉比法典》即古巴比伦王国法典。制定者为第六代国王汉穆拉比。法典本文以楔形文字刻在高2.25米的黑色玄武岩石碑上（又称"石柱法典"），共3 500行，281条。法典包括前言、正文和结语三部分。前言表达国王对诸城之神的虔诚和众神对他的统一王权的信任。"石柱法典"是世界上现存的一部最古老最完整的法典。
③ 《摩奴法典》又称《摩奴法论》，是古印度婆罗门教的法律和法规的汇编。相传为"人类的始祖"摩奴所编，故得其名。实际上，是由婆罗门教的祭司根据吠陀经与传统习惯而编成的。传至今日之《摩奴法典》共12章，2 684条。
④ 董小燕. 西方文明：精神与制度的变迁 [M]. 上海：学林出版社，2003：67-68.

显，古希腊和古罗马形成的世俗价值丧失殆尽，以封建意识和神本为核心的基督教文化大行其道。但是，对于以西欧为主体的西方社会来说，这一段历史又有着无可代替的重要历史意义，它是欧洲大陆历史的真正开始。西欧各国的疆域和民族文化在中世纪大致成型，如今天所说的法国文化、英国文化、西班牙文化等。希腊罗马传统、希伯来-基督教传统、日耳曼民族传统等堪称西方文明的几个传统体系也在这一时期得到整合，并且没有中世纪的孕育，就没有文艺复兴运动。《大英百科全书》指出，中世纪标志着欧洲文化的出现，标志着一种独特的基督教文明的兴衰。

史学家们认为，中世纪开始于公元500年，结束于公元1500年。中世纪的西欧历史通常被分为早期（500—1050）、盛期（1050—1300）和晚期（1300—1500）三个阶段。中世纪的主要特征除了基督教精神文化外，还有封建主义，也就是土地的分封与割据。它们一起造就了中世纪欧洲制度和精神的特质：国家与教会的二元体制和基督教精神（文化）一统天下。

欧洲的封建制度是以封土为基础形成的一种社会制度和政治制度，其特点主要可以概括为以下四点：

其一，它是建立在契约基础上的纯粹私人之间的关系。也就是说，西欧封建制度不同于东方的封建制，它不存在君臣、统治者与被统治者之间的关系，只存在领主与封臣之间的关系。领主对封臣的下属是不能直接行使封建性权力的，正如那句古老的格言所讲的："我的封臣的封臣，不是我的封臣。"领主与封臣之间是纯粹的私人契约关系，双方都必须履行各自的权利与义务。领主最重要的义务是保护他的封臣，封臣则必须为其领主服军役等。

其二，公共权力私有化及政治的独立性。由于封建制度以封土为基础，所有的权利义务关系都与土地有关，而政治权、司法权、经济权等各项权力又与土地绑定，只要某个人拥有了这块领地，那么他就拥有与这块领地相关的所有权力。此时，领地拥有者对上级封建主有相对的政治独立性。由于封地是世袭性的，导致一切权利义务关系都私人化，就不存在公共权力，也不像东方封建制度那样有忠君、爱国的思想，在欧洲封建制度下不存在国家这一观念，也没有中央机构，当然也就没有中央权力了。

其三，国家与民族非一体性。在欧洲封建制度下，国家与权力是分离的，君主在封分土地的同时也封分了权力，所以，中世纪的欧洲人更多地关心自己属于哪个领主，而不关心自己或者领主是哪"国"人，这样他们的"民族"概念也就比较含混。

其四，领主和臣属之间的地位相对平等，这是由于缺乏国家统治所特有的强制性所致。双方之间是契约关系，只要双方履行各自的权利和义务，两者之间的关系就比较松散。中世纪基督教精神（文化）一统天下，也是导致欧洲封建社会中央集权迟迟未能形成的主要原因。其实，在罗马帝国后期，基督教就形成了系统的组织，并取得了国教的尊位。中世纪时，欧洲封建制度政教二元权力体系形成的重要前提是基督教会强大的经济与政治实力和社会政治地位的独立性，而教皇至高无上的权力地位的确立是教会独立性的政治保证。王权从属于教权，国王的行政权只局限于其直接的领地上，并且要通过一个由公、侯、伯、子、男、骑士等爵位构成的严密的金字塔式等级系统才能实现。[1]国王负责臣民的世俗物质生活领域，教皇负责信徒的精神生活和宗教生活，而教权与俗权、教会与国家是相互缠绕、交叉的，在某些场合和时段还是重合的。[2]

总之，中世纪处于成就辉煌的古希腊、罗马文明与文艺复兴运动之间，它扮演了承上启下的角色。中世纪西方行政文化的特征是教会集权、等级森严、人身依附，政治和行政充满了宗教神秘主义色彩。

（4）文艺复兴及启蒙运动时期

14—17世纪，在欧洲封建制度开始解体、资本主义萌芽的历史条件下，人文主义者借助于希腊罗马文化的精神——人类理性（合乎自然的神的属性和人的本性）和异教思想（非基督教的多神教和人性化教），即人本主义，在批判基督教神学和封建意识形态的基础上，创造出适应时代发展需要的新思想、

---

① 施雪华. 政治现代化比较研究 [M]. 武汉：武汉大学出版社，2006：365-366.
② 董小燕. 西方文明：精神与制度的变迁 [M]. 上海：学林出版社，2003：74-85.

新道德、新文化。这场欧洲资产阶级发动的早期反封建、反教会的思想启蒙运动就是所谓的"文艺复兴"。①它标志着中古封建文化的衰落和近代新文化的开始。

人文主义是文艺复兴的伟大旗帜和指导思想，它是文艺复兴时期新兴资产阶级在反封建、反教会斗争中形成的思想体系。人文主义主张一切以人为本，反对神的权威，把人从中世纪的神学枷锁中解放出来，其核心是对"人"的肯定。它的主要内容包括：用人权反对神权；用个性解放反对禁欲主义；用理性反对蒙昧主义；拥护中央集权，反对封建割据。与人文主义的君主统治理想化的政治理想形成反差且影响较大的是马基雅弗利主义。1513年，马基雅弗利在《君主论》中对人文主义的政治理想进行了批评并提出了新的政治理论。他认为，政治既要追求道德也要追求理性，甚至理性力量应先于道德；君主必须具备谋略，要学会伪装，其言行在表面上要完全符合道德；宗教不是政治的基础，只是君主驭国的工具等。随着资产阶级的发展，16世纪初期，宗教改革者对以罗马教皇为首的天主教会进行了猛烈的抨击，削弱了教会的神权统治，逐渐摆脱了教会的羁绊，建立起了适应资产阶级和新兴民族国家统治者需要的新教各派教会，这就是16世纪席卷欧洲的宗教改革运动。②从某种程度上看，宗教改革是文艺复兴的继续。18世纪席卷欧洲的启蒙运动是一场适应资产阶级政治要求的思想解放运动，它荡涤了旧世界，使整个18世纪成为"理性的时代"和"批判的时代"，确立了西方现代化社会的基本原则。18世纪的法国是启蒙运动的中心，法国的启蒙运动以其彻底的反封建性质对欧洲、美洲以及对以后的亚洲都产生了深刻的影响。

这一阶段是一个盛产思想家的历史时期。约翰·洛克（1632—1704）是英国哲学家、经验主义的开创人，同时也是第一个全面阐述宪政民主思想和提倡人的"自然权利"的人。他在哲学及政治领域都有重要影响。他的代表作是1689—1690年写成的两篇《政府论》，他主张捍卫人的生命、自由和财产权；

---

① 姜守明，洪霞. 西方文化史［M］. 北京：科学出版社，2004：123.
② 王立新. 西方文化简史［M］. 郑州：河南人民出版社，2005：153-174.

反对君权神授；倡导要对权力进行分配，他把政治权力分为立法权、行政权和外交权三种，认为立法机关应当高于行政机关，防止专政。孟德斯鸠（1689—1755）不仅是18世纪法国启蒙时代的著名思想家，而且是近代欧洲国家中比较早地系统研究古代东方社会与法律文化的学者之一，其代表作是《论法的精神》。他赞扬和拥护君主立宪制，强调法治和非君主权威的重要性。他发展了洛克提出的"三权分立"学说，强调必须用权力制约权力，实行立法、司法和行政三权分立。他认为实行"三权分立"的君主制是最合乎理性的政治制度。伏尔泰（1694—1778）是法国启蒙运动的倡导者和领袖人物，是第一个将洛克等人的思想传播到法国的人。他认为人生而平等且自由，自由是人的天赋权利，他反对封建等级和特权，反对一切压迫，倡导自由、平等，他还倡导法治、出版和信仰自由，主张建立一个更为有效的政府管理制度。卢梭（1712—1778）是法国著名启蒙思想家、哲学家、教育家、文学家，是18世纪法国大革命的思想先驱、启蒙运动最卓越的代表人物之一，被誉为法国大革命的思想导师。其代表作有《论人类不平等的起源和基础》《社会契约论》《爱弥儿》《忏悔录》等。他提出了"主权在民"的思想，认为只有人民之间订立契约，才能建立合法的社会。他认为，国家必须代表公共意志，为公共利益服务，由公民选举领袖的共和制才是最好的政体。

在实践中，英、美、法等国家都按照上述思想家的政治思想建立了资产阶级国家，成立了资产阶级政府。这一时期的行政文化建立在天赋人权论和社会契约论的基础上，注重人性，强调人权，充满了自由、平等、民主等思想。

（5）现代工业文化阶段

随着新航路的开辟，海外殖民活动为欧洲资本主义的发展积累了大量的原始资本，19世纪欧洲各国的工业革命相继完成，西方文化进入了成熟的现代工业文化阶段。[①]18世纪中后期，工业革命首先在英国开始，到19世纪已经发展成了西欧的工业化浪潮。工业革命不但使社会财富极大增长，而且使工业资

---

① 王立新. 西方文化简史［M］. 郑州：河南人民出版社，2005：300.

产阶级的经济实力开始超过了土地贵族阶级。从整体看来，思想、精神领域的科学与功利主义以及社会政治领域的制度改良是19世纪西方历史的主题。19世纪的功利思想以伦理学为基础，渗透到法理学、政治学、经济学、教育学、逻辑学领域，形成了较为完整的功利学说体系。这一学说体系被广泛应用到政治与社会生活领域，形成了一股强大的社会思潮。边沁、密尔是功利主义的主要代表。功利主义认为，利益是建立政府的原始动机，也是服从政府的原因。在功利主义思潮下，西方各国也不同程度地进行了政治制度变革。英国作为近代资本主义政治制度的开拓者，创立了资本主义责任内阁制、两党制和文官制度，19世纪英国的制度变革主要体现在三个方面，即议会制度改革、内阁制的发展和文官制度的确立。

在这一阶段，行政思想也日渐丰富。威尔逊（1856—1924）被誉为"行政学的鼻祖"。他在《行政学研究》中主张政治与行政分离，要建立一门独立的行政学科。古德诺（1859—1939）在其代表作《政治与行政》中对威尔逊提出的"政治与行政二分法"进行了完善。他认为政治是国家意志的表达，而行政则是国家意志的执行，政治与行政不是绝对的分离，而是在相对的分离中追求两者之间的协调。泰勒（1856—1915）是美国著名管理学家、科学管理理论的奠基人，有"科学管理之父"之称。他最根本的贡献是在管理实践和管理问题研究中采用了观察、记录、调查、试验等近代分析科学方法，其代表作是《科学管理原理》。泰勒的科学管理理论虽然最初是针对企业管理提出的，但是它也为行政管理提供了很好的方法。美国著名行政学家怀特就是用科学管理理论进一步研究行政管理的。从某种意义上讲，正是以泰勒的科学管理理论为标志的科学管理运动，才进一步推动了西方行政学的形成和兴盛。[1]韦伯（1864—1920）的《论官僚制》是西方官僚制理论的基石。韦伯的官僚制是指一种现代社会实施合法统治的行政组织。韦伯的官僚制理论为我们分析公共组织提供了良好的指导原则。西蒙（1916—2001）开辟了行政学研究的一个新时

---

① 丁煌. 西方行政学说史［M］. 修订版. 武汉：武汉大学出版社，1999：52.

代。他主张以行政行为研究代替正统的行政学研究。他的行政学说自成体系，大致分为三个组成部分：行政学研究方法理论、行政决策理论和行政组织理论。其代表作是《行政行为——行政组织决策过程的研究》。

总之，在这个阶段西方行政文化的主要特征是：注重科学和效率，把科学技术和效率从工业生产领域引入行政管理领域；强调资本家和工人、政府与公民的合作；注重规则，实行官僚制管理；注重政府调节，注意社会利益分配的调整，完善法治等。

（6）后现代文化阶段

丹尼尔·贝尔按照工业化程度把人类社会划分为三个阶段：前工业社会、工业社会和后工业社会，他认为西方已经进入后工业时代。[①]20世纪五六十年代之后，西方后现代主义思潮兴起，一些西方思想家提出，西方社会已经由工业时代进入后工业时代，由现代社会进入后现代社会，20世纪五六十年代以来的西方文化则是一种后现代文化。

西方行政学在这一阶段发展得十分迅速，具有代表性的行政学家有：现代政策科学的创始人之一、对政策科学研究取得突破性进展并起着重要推动性作用的以色列政策科学家德罗尔；借用生态学研究生命主体与其环境的相互关系和作用，并以其基本理论与方法来研究行政系统与其社会环境的相互关系，即通过生态系统的模拟来研究行政生态系统的美国行政学家里格斯；[②]在对传统公共行政学理论进行了全面反思和批判，并运用新的研究方法、从新的研究视角对公共行政的现实与未来做了深入研究的美国行政学家弗雷德里克森；把权变管理理论应用于领导科学研究领域，并提出了著名的权变领导模式的美国管理学家菲德勒；在对企业组织和社会公共服务机构进行深入研究的基础上，提出了目标管理理论的美国著名学者德鲁克；[③]运用经济学方法分析政治决策过程并对政府的本质，尤其是对政府的失败及其改进进行了深入研究的美国著名

① 贝尔D.后工业社会的来临［M］. 高铦，王宏周，魏章玲，译. 南昌：江西人民出版社，2018.
② 丁煌. 西方行政学说史［M］. 修订版. 武汉：武汉大学出版社，1999：251.
③ 丁煌. 西方行政学说史［M］. 修订版. 武汉：武汉大学出版社，1999：303-304.

经济学家布坎南；倡导用"企业家精神"来克服政府官僚主义并为政府改革开出了 10 种"药方"的美国学者奥斯本；基于对新公共管理理论的反思，尤其是针对作为新公共管理理论之精髓的企业家政府理论的缺陷进行批判而提出新公共服务理论的美国著名行政学家哈登特；提出应从管理、政治、法律等多元视角和路径来研究公共行政，并试图对这些不同研究路径进行整合的美国著名行政学家罗森布鲁姆。①

在行政实践上，自 20 世纪 70 年代末 80 年代初开始，由于经济衰退、财政危机以及公民对政府普遍不满等原因，西方各国都进行了行政改革。虽然改革的目标有一定的差异，但是基本上都关注以下三个方面的问题：一是解决经济衰退，实现国民经济的稳定和发展，提高本国经济在世界市场上的竞争力；二是克服官僚主义，为消费者提供更高质量的社会公共服务，改善政府在公众心目中的形象；三是解决财政危机。西方各国认为，实现公共行政的现代化是解决这三个问题的关键所在。而要实现公共行政的现代化，实现高质量的公共行政，就必须按照现代化的要求进行政府改革。在此形势下，20 世纪 80 年代西方国家进行了以下几方面的政府改革：强化各部门的自主权；加强地方的权力；简化行政程序和条例；进行人事制度和培训制度改革。进入 20 世纪 90 年代后，西方国家 80 年代开始的政府改革依然在继续，并在很多方面出现了新举措，主要包括：其一，在政府与市场之间的公共选择上，更多的市场、更小而有效的政府成为西方国家政府改革的指导思想；其二，在公共领域引入市场机制、建立公共领域的内部市场等方面成效卓著；其三，注重信息技术在政府改革中的作用；其四，在新公共管理思潮下，西方各国政府开始重视政策指导能力的提高和政策执行效率的改善，从而重塑政治与行政之间的关系。②

在这一阶段，由于行政学说的发展和行政实践的深入，西方行政文化发展得十分迅速，主要表现为注重分权、强调效率、强化服务、注重不同环境之间的协调等。

① 丁煌. 西方行政学说史 [M]. 修订版. 武汉：武汉大学出版社，1999：341.
② 毛寿龙，等. 西方政府的治道变革 [M]. 北京：中国人民大学出版社，1998：9-11.

6.2　新时代我国行政文化的发展趋势

以史为鉴，可以了解得失，预测未来，正如帕斯卡所说："现在永远也不是我们的目的，过去和现在都是我们的手段，唯有未来才是我们的目的。"①分析研究我国行政文化的演变历程，目的在于把握新时代我国行政文化的发展趋势。

6.2.1　参与型行政文化

在前文中我们对行政文化的概念做了明确的界定，即行政文化是指由行政主体和行政相对人以及其他社会成员在长期的行政实践过程中积淀而成的行政习惯、行政制度、行政规则、行政意识、行政价值观、行政态度、行政动机、行政信念和行政情感等。从这个概念我们可以得到一个很重要的信息，那就是行政文化不只是由行政人员单方面的行为活动形成的，即使在一般状况下行政人员的行为占主导地位；也不是只关乎行政系统内部的文化，即使行政系统内部的文化占很大的比例。行政文化应该是由包括行政人员在内的"行政关联民众"的行为共同形成的，这里的"行政关联民众"包括行政人员、行政相对人以及其他社会成员等与行政活动相关的人，即一种最宽泛意义上的行政共同体；应该是关乎整个行政环境的文化，也就是行政文化的影响力或者社会化过程不只局限于行政系统内部，还包括行政系统的外部环境。从一定程度上讲，行政文化应该是一种全民参与型文化。

政治参与是指公民自愿地通过各种方式参与社会政治活动，并以直接或间接的方式影响政治决策的行为。公民积极参与是共和思想的必然要求，也是共和体制民主性质的有力保证。共和理念下的民主是人民自治、人民当家作主的

---

① 帕斯卡. 思想录——论宗教和其他主题的思想 [M]. 何兆武，译. 北京：商务印书馆，2015：92.

意思，它的对立面是寡头政治或独裁。尽管这种民主是由人民选择其代表通过代议的方式间接实现的，但是公民参与仍然是政治权威和政体运作合法性的唯一正当来源。在现代社会，政治参与不仅是公民表达各自政治态度的需要，而且是政治体制得以有效运作的重要支持条件。因此，学术界通常把政治参与的质量和程度作为衡量政治民主化和现代化程度的重要指标。①行政是政治的主要领域，既然政治参与如此重要，那么行政参与更不能忽视。随着社会生产力和经济的发展，人们的政治参与意识和能力也得到了很大的提高。行政活动不是行政人员的独角戏，它需要一定的回应力，只有行政主体和行政相对人及参与人在一个平等的舞台共同演出，行政活动才能有效地进行，所以，参与型是我国现代行政文化发展的一大趋势。参与型行政文化是指一种由行政关联民众，包括行政主体、行政相对人以及其他社会成员共同参与的行政文化。如果人们不参与行政文化的建设，那么行政文化必将是行政主体主宰的文化，行政文化的民主性、先进性就缺少了必需的监督，行政活动就变成了一言堂，行政文化就成了一种单一的普遍意志，而"任何不容置疑的单一美德和普遍意志对个体公民都构成强制力，它可以成就公民的责任心，也可以成为专制的借口"。真正实施民主的行政文化，应该是一种行政主体与行政关联民众的意识、观念等相互博弈的结果。②

新时代构建参与型行政文化具有重要意义，主要包括以下几个方面：

第一，参与型行政文化是社会主义民主政治建设的必要内容。党的十九大报告指出："我国社会主义民主是维护人民根本利益的最广泛、最真实、最管用的民主。发展社会主义民主政治就是要体现人民意志、保障人民权益、激发人民创造活力，用制度体系保证人民当家作主。"③"要改进党的领导方式和执政方式，保证党领导人民有效治理国家；扩大人民有序政治参与，保证人民依法实行民主选举、民主协商、民主决策、民主管理、民主监督；维护国家法制

---

① 周光辉. 当代中国政治发展的十大趋势 [J]. 政治学研究，1998（1）.
② 徐贲. 冷漠和不参与 [EB / OL]. （2007-07-09）. http://blog.sina.com.cn / s / reader_4cacf1f301000a0v.html.
③ 习近平. 决胜全面建成小康社会 夺取新时代中国特色社会主义伟大胜利——在中国共产党第十九次全国代表大会上的报告 [M]. 北京：人民出版社，2017：35-36.

统一、尊严、权威，加强人权法治保障，保证人民依法享有广泛权利和自由。巩固基层政权，完善基层民主制度，保障人民知情权、参与权、表达权、监督权。"①人民要真正当家作主，社会主义民主政治要得到有效发展，人民就必须参与行政活动，参与行政文化的构建，通过这个途径来表达自己的行政意识。扩大公民的有序参与，保证人民依法实行民主选举、民主决策、民主管理和民主监督，让公民从实践中体会到什么是真正的民主，使之逐步在观念上认同国家的民主制度，在行为上获取参与民主的方式方法，从而积极主动参与到国家政治建设中来。②

第二，参与型行政文化有助于保障公民的基本权利。参与型行政文化要求行政关联民众积极参与到行政活动中，一方面可以提出自己的行政建议和意见；另一方面对行政活动进行必要的监督，以防止行政权力的滥用。不管是表达自己的行政建议和意见，还是对行政活动进行监督，都有助于保障公民的基本权利。

第三，参与型行政文化有助于行政活动预期目标的实现。如果规范性文件的创制是公众参与制度的产物，就会在最大程度上体现公众的意志和反映绝大多数社会成员的利益，就会得到公众的支持和认同，公众就会自觉地履行法律规范规定的义务，并形成护法意识。规范一旦得到公众的支持和认同，就会产生规范的"内化"。③也就是说，包括行政立法活动在内，还有行政决策、行政执行、行政监督、行政评估等行政过程是行政主体和行政关联民众共同参与的过程。这样，行政文化的社会化过程就比较容易，也比较容易实现行政活动的预期目标。

第四，参与型行政文化有助于提高行政管理的质量和水平。深化我国行政体制改革，建立"行为规范、运转协调、公正透明、廉洁高效"的行政管理体制，有赖于参与型行政文化的构建。公民参与可以集思广益，可以增加政府决

① 习近平. 决胜全面建成小康社会 夺取新时代中国特色社会主义伟大胜利——在中国共产党第十九次全国代表大会上的报告 [M]. 北京：人民出版社，2017：37.
② 缪愫生. 民众参与法治建设的途径 [J]. 行政与法，2007（8）.
③ 朱丹. 完善民主参与机制：行政立法的必然抉择 [J]. 当代经理人，2006（3）.

策和管理的透明度，提高决策的科学性、民主性，使政府的决策和管理能更加充分地代表民意，代表广大群众的根本利益。随着社会群体或阶层利益分化的深入和扩大，公民要求在政治层面上表达自己利益的动力将更趋加强，公民从社会参与走向政治参与的进程将加快。市场经济带来的资源分散化必将伴随权力的分散化，而权力的分散化正是广泛的政治参与以及建立在公民政治参与基础上的共治局面形成的重要条件之一。①

第五，参与型行政文化有助于社会主义政治文明建设。1844年11月，马克思在《关于现代国家的著作的计划草稿》中就提出了"政治文明"的概念，并对政治文明的内涵做了界定。马克思说："人们在自己生活的社会生产中发生一定的、必然的、不以他们的意志为转移的关系，即同他们的物质生产力的一定发展阶段相适合的生产关系。这些生产关系的总和构成社会的经济结构，即有法律的和政治的上层建筑竖立其上并有一定的社会意识形态与之相适应的现实基础。"②恩格斯也指出："政治、法律、哲学、宗教、文学、艺术等的发展是以经济发展为基础的。但是，它们又都互相作用并对经济基础发生作用。"③按照马克思、恩格斯的论述，经济基础或经济结构指的是物质文明，政治上层建筑及政治、法律的意识形态则是政治文明，而其他意识形态则是精神文明。在一定社会条件下，物质文明、政治文明与精神文明总是不可分割地联系在一起，互动共进，推进社会发展。离开政治文明谈物质文明或者精神文明是与马克思主义相违背的。邓小平强调："没有民主就没有社会主义，就没有社会主义的现代化。"④这一论述明确提出了社会主义社会民主政治的发展目标，强调了社会主义政治文明建设的重要性，要健全社会主义民主政治，要发展社会主义政治文明，就必须确保民众参与政治和行政活动。

---

① 缪愫生. 民众参与法治建设的途径［J］. 行政与法，2007（8）.
② 马克思，恩格斯. 马克思恩格斯全集：第2卷［M］. 中共中央马克思恩格斯列宁斯大林著作编译局，译. 北京：人民出版社，1995：32.
③ 马克思，恩格斯. 马克思恩格斯全集：第4卷［M］. 中共中央马克思恩格斯列宁斯大林著作编译局，译. 北京：人民出版社，1995：732.
④ 邓小平. 邓小平文选：第二卷［M］. 北京：人民出版社，1994：168.

6.2.2　法理型行政文化

柏拉图这样阐释法律的地位："法律一旦被滥用或废除，共同体的毁灭也就不远了；如果法律是政府的主人，政府是法律的奴隶，那么整个世道会充满应许，众神对城邦的赐福就会到来，人们将享有各种幸福。"①由此可看出，柏拉图认为政府应该在法律的轨道上运行，行政人员的活动应该在法律的许可范围之内进行。柏拉图的得意门生亚里士多德更加明确地指出："优良法制的一层含义是公民恪守业已颁布的法律，另一层含义是公民们所遵从的法律是制定得优良得体的法律，因为人们也可能情愿遵从坏的法律。"②换言之，良法应该得到普遍的服从。我国传统行政文化发展过程中的伦理型行政文化是建立在以宗法血缘为纽带的家庭关系之上的，是一种典型的人治文化，或者可以称为官治文化。这就决定了人与人之间的社会关系比较情感化、伦理化与道德化。这种社会心理积淀形成了一种"无讼""厌讼""耻讼"的观念，如《幼学琼林》载："世人惟不平则鸣，圣人以无讼为贵。"《增广贤文》也载："好讼之子，多数终凶。"这表明了中国古代有"无讼以求""息讼止争"的传统。并且，皇帝是行政系统中最高级别的官员，其他官员对皇帝绝对遵从，官员们要求其下属官员和臣民对自己绝对服从，个人专断作风成为传统行政文化的一大特色。国家的运行和政府官员的行为不是服从法律而是唯权是听、唯上是从。法家虽然主张法治，但是由于受到阶级的局限性，他们认为法律为"一人之下，众人之上"的国器。法家的法治的对象不是国家，而是被封建地主统治的"臣民"，他们强调"法者……臣之所师也"，"法也者，官之所以师也"③。君主则永远可逍遥于法外，而且认为"道不同于万物……君不同于群臣……是故明君贵独道之容，君臣不同道"④。君臣有别，君权永远凌驾于法律之上，这样的法律观念和行政文化是特定历史条件下的产物。随着社会生产力的发展，民主政治

---

① 柏拉图. 柏拉图全集：下卷［M］. 王晓朝，译. 增订版. 北京：人民出版社，2018：126.
② 亚里士多德. 政治学［M］. 颜一，秦典华，译. 北京：中国人民大学出版社，2003：132.
③ 《韩非子·说疑》.
④ 《韩非子·扬权》.

也不断发展，行政文化也随之发展。"依法治国"的治国方略制定后，法理型行政文化产生了。

法理型行政文化是相对于传统的行政文化而言的，是现代行政文化的一种必然的发展趋势，是把法律作为社会各个领域运行的基本框架时，行政文化表现出来的崇尚法律的文化样态。法理型行政文化强调法律至上，包括两方面的含义：一方面，行政主体树立法律至上观念，即自律机制在保存合理性的同时，应得到以健全法制、依法行政为核心的他律机制的约束，最终使他律机制代替自律机制并居主导地位；另一方面，政府对社会的管理应以制定并执行法律为核心，严禁没有任何法律依据的任意干预，大力普及行政法治化原则。法理型行政文化是行政管理科学化、程序化、法治化的文化体现。①由此可见，法理型行政文化的实质就是依法行政。我国人民法院审结案件数量的不断增加，说明了自1997年"依法治国"写进了宪法、2004年国务院明确推出《全面推进依法行政实施纲要》以来，法律在社会生活中的地位发生了质的变化，依法治国逐渐成了主旋律，人们对法律的权威性、信任度都给予了很大程度的肯定，关于利益的分配，关于利益纠纷，人们都愿意通过法律途径来进行解决。这种社会现象无疑是法理型行政文化社会化的结果。

法理型行政文化是我国行政文化变迁里程中的一个阶段，它是我国现代社会正在大力提倡、形成并逐渐趋于成熟的行政文化样态。作为我国行政文化变迁里程中一个重要的阶段，法理型行政文化的形成和发展有其必需的条件：

第一，经济条件，即社会主义市场经济的迅速发展。市场经济承认等价交换，是平等的经济。随着市场经济的发展，人们的平等意识逐渐加强，尤其是对传统文化中"民"与"官"不平等意识的颠覆，使得人与人之间、个人与政府之间的关系平等化，从原来的重身份地位逐渐转向重契约关系，用法律来维护自己的合法权益已成为普遍共识。同时，市场经济又具有法治性和开放性，这体现在行政文化中，客观上就要求打破传统行政文化中"人治""专制"的

---

① 韩莹莹. 当代中国行政文化变革研究 [D]. 湘潭：湘潭大学, 2001.

桎梏，树立法治观念。市场经济的迅速发展，要求建立反映和适应市场经济发展要求的新型国家权力机构以及民主、法治的行政管理，要求能反映和适应其发展的行政文化，所以，市场经济的发展是法理型行政文化形成和发展的经济基础。

第二，政治条件，即现代民主政治的兴起。民主政治是一种与君主制、寡头制和独裁制相对立的比较完整的国家体制和政治制度，它在本质上是法治化的、程序化的政治，这就势必要求国家行政管理法律化、制度化、有序化。邓小平曾强调指出："为了保障人民民主，必须加强法制。必须使民主制度化、法律化，使这种制度和法律不因领导人的改变而改变，不因领导人的看法和注意力的改变而改变。"[①]而现代民主的普遍形式是间接民主即代议民主制，正如列宁所指出的："没有代表机构，我们不可能想象什么民主，即使是无产阶级民主。"[②]人民通过选举把权力委托给代表来行使的代议民主制意味着在权力的所有者与受托行使者之间存在一定的分离，这就隐含着某种可能存在的危险，即权力不是完全按照其所有者的意志和利益，而是凭持有人的意志、情绪甚至利益而运行，导致公共权力异化。为防止公共权力异化，危及和损害公民、法人和其他组织的合法权益，为了实现行政合法和行政合理，就必须通过法律对行政权力予以规范、约束和控制，使行政权力在其行使的过程中具有民主性、有序性和制约性。同样，如果没有民主政治的气候和土壤的存在，就不可能产生和存在制约行政权的各种法律法规，当然也就谈不上依法治国和依法行政，更不会产生法理型行政文化。1940年毛泽东在《新民主主义的宪政》一文中写道："宪政是什么呢？就是民主的政治。"民主与法治在共同的价值基础上相契合。法治支持民主，法治是现代社会中民主政治程序的制度化形式；如果没有民主，就不可能有可靠的法治。只有同民主密切联系的法治才是真正的法治，也只有在法治社会里才能有真正的民主。

第三，法律方面的条件。这主要包括两方面的因素：一是现代法治观念的

① 邓小平. 邓小平文选：第二卷 [M]. 北京：人民出版社，1994：146.
② 列宁. 列宁全集：第31卷 [M]. 中共中央马克思恩格斯列宁斯大林著作编译局，译. 北京：人民出版社，1958：45.

萌芽和普及。"现代法治观念的基本要求就是实现'法律至上，依法治国'，而依法治国的核心内容就是：国家行政权力必须受到法律的制约；必须以法律来规范和制约政府的行政行为，使之严格依法行政；政府的违法侵权行为必须受到法律的追究，即政府的运行必须建立在法治之上"。①这种观念一旦深入人心，必然就会转化为一种强大的社会精神力量，必然要求将国家行政管理纳入法治化的轨道。二是现代行政法的产生和发展。行政法作为规范政府行政行为的法律，其适用和作用的范围是国家行政管理领域。构建法理型行政文化，必然要以行政法律规范及其制度作为客观基础。如果没有相关法律法规及其制度的产生和发展，国家行政管理很有可能还停滞在人治阶段，法理型行政文化建设也就无从谈起。正是现代行政法的产生和发展，并且与国家行政管理的紧密结合，才促进了行政管理的法治化，进而产生了法理型行政文化。在把"建设中国特色社会主义法治体系、建设社会主义法治国家"作为全面推进依法治国总目标的新时代，建设法理型行政文化必将是新时代我国行政文化的发展趋势之一。

6.2.3 服务型行政文化

我国行政文化发展的一大主要国际背景就是新公共管理运动的兴起。新公共管理运动的一项重要内容就是以市场化为改革取向，推行政府公共服务输出市场化，在政府公共部门引入竞争机制，树立服务意识。新公共管理运动的理论与实践对我国的政府职能转变产生了深远的影响。党的十九大报告提出，转变政府职能，深化简政放权，创新监管方式，增强政府公信力和执行力，建设人民满意的服务型政府。近40年来，我国服务型政府建设在改革开放中深入推进，政府治理不断创新、效能持续提升，使人民群众在共享改革发展成果中拥有更多的获得感、幸福感、安全感，提升了人民群众对党和政府工作的满意度。服务型政府是以社会发展和人民群众的共同利益为出发点，以为人民服务

---

① 郑传坤. 现代行政管理法制化的内在动因与本质要求 [J]. 现代法学，2000（4）.

为宗旨并承担相应服务职责的现代政府治理模式。服务型政府是现代国家治理的一个重要标志，服务型政府建设也是国家治理现代化的一项基本要求。我国在21世纪初提出建设服务型政府的目标，着力提高公共服务水平，让全体人民共享改革发展成果，取得显著成效，并在发展理念、政府职能、管理技术、治理手段等方面为推进国家治理现代化提供了强有力的支撑。①服务型政府应该树立公共利益至上的意识，以社会公众的意志作为根本向度，要求政府只是公共服务的提供者，尽可能最低限度地直接管理社会事务和经济事务。政府即使要对社会事务和经济事务进行必要的干预，也应该尽可能地使用经济和法律手段。

从行政文化的层面看，建设服务型政府首先要构建服务型行政文化。所谓服务型行政文化，就是倡导将管理作为手段，把服务作为核心价值观和目的的行政文化。服务型行政文化要求行政主要是为满足社会需要、便利公众生活、促进社会健康发展而存在的一支力量，它以公共利益的代表者的面貌出现，积极服务于社会与公众，它的运作方式、作用范围必须取得社会认同，否则就失去其存在的理由。②服务型行政文化与其他行政文化最本质的区别就在于它是以"以人民为中心"为其核心价值的。"以人民为中心"是指服务型政府建设的宗旨是全心全意为人民服务，即无论是深化简政放权、全面提高政府效能，还是规范行政行为、优化办事流程，服务型政府建设聚焦的都是人民群众普遍关心的问题，人民群众的公共服务诉求是服务型政府建设的根本动力。在建设服务型政府的过程中，我们党和政府始终注重在提供公共服务的同时实施有效管理，在政府有效管理中实现公共服务的充分供给，两者相互补充、相互增效，不断增强人民群众的获得感、幸福感、安全感。③毫无疑问，服务型行政文化是我国新时代行政文化发展的必然趋势。美国著名文化人类学家霍尔说："文化决定了人的存在：表达自我的方式（包括感情的流露）、思维方式、行为方式、解决问题的方式、规划和建设城市的方式、运输系统的组织与运行以及

① 白宇. 建设人民满意的服务型政府［N］. 人民日报，2018-09-09.
② 傅红艳. 略论建立我国服务型行政文化的现实必要性［J］. 辽宁行政学院学报，2007（7）.
③ 任勇. 服务型政府建设在改革开放中深入推进［N］. 人民日报，2018-09-09.

经济与政府的关系和发挥作用的方式。"①这句话肯定了文化之于人的决定性作用，行政文化之于行政体系、行政活动等也有如同这样的作用。行政体制是公共行政的硬件，行政文化是软件，没有软件，硬件也就无法正常运行；行政体制是"毛"，行政文化是"皮"，皮之不存，毛将焉附？所以，要建立服务型政府，就必须要构建与之相适应的服务型行政文化。

服务型行政文化是一种以"顾客导向"为基本价值准则的行政文化，它强调"行政就是服务，公众就是顾客"。"公众就是顾客"只是一个比拟的说法，是将政府与公众的关系比拟为市场中的企业与顾客的关系，以此来强调政府为公众服务的理念。这里我们要强调的是，在服务型行政文化中或者是在服务型政府中公众应该是公民而非顾客。在公共管理领域，不能把公众当作商业范畴里面的顾客，否则，就与服务型行政文化的"以人民为中心"的价值理念发生冲突了。因此，我们很有必要对服务型行政文化中的公众角色进行准确定位。

新公共管理认为"顾客导向的理念能迫使服务提供者对他们的顾客负有责任；使选择提供者的决定不受政治的影响；能促进更多的更新；能让人们在不同种类的服务之间做出选择；浪费较少，因为它们使供求相适应；授权顾客做出选择，而被授权的顾客成为更加负责的顾客；能够创造更多公平机会等"②。这是新公共管理中最能凸显其服务意识的一个方面，它把公民视为与政府平等的顾客，较之传统政府把公民视为被统治者或者被管制者，是一个很大的进步。但是，"政府把公众当作被服务者或纯消费者，则与政府的宗旨是背道而驰的，顾客理论仍然没有摆脱单向行政的窠臼，政府仍然是单向行使权力，只不过在一定程度上考虑到了公众的需要。但是顾客理论却忽视了当代公共行政最重要的基础，即公众参与"。③为什么这么说？因为这种顾客概念显然是将公民置于了被动的位置上，它所强调的只是政府要主动对公民的需求做出回应，并没有强调公民对政府治理过程的参与。在轰轰烈烈的新公共管理运动中，活

① 胡鞍钢. 腐败黑洞：公开披露各类腐败的经济损失 [J]. 民主与科学，2004（4）.
② 奥斯本 D，盖布勒 T.改革政府：企业家精神如何改革着公共部门 [M]. 周敦仁，等，译. 上海：上海译文出版社，2006：164.
③ 齐明山. 对新公共管理的几点反思 [J]. 北京行政学院学报，2003（5）.

跃着的依然是政府的身影，公民对此并没有更多的参与。①

学者井敏是从以下几个方面来区分"公民"与"顾客"的：

第一，政府与公民之间具有所属关系，即政府属于公民所有，而企业和顾客之间没有所属关系。由于政府所掌握的这种权力属于公共权力，也就是说政府所掌握的这种权力的唯一合法来源是公民，政府只不过是接受公民的委托代行属于公民的权力而已。这种委托代理关系要求政府必须严格遵循委托者的意愿。服务型政府提出的政府与公民的关系中以公民为本位的观点也是基于这种所属关系。顾客和企业的关系则不具有这种所属性，企业完全根据市场情况自主管理，顾客由于不具有对企业的所有权，因而也就没有权利干涉企业的管理活动，顾客对企业提供什么样的产品、怎样提供这些产品都无权干涉。顾客所拥有的权利就是在产品投放市场之后，以是否选择这种产品来表达自己对该产品的看法，这完全是一种被动的选择权。因此，"将公民视为顾客，这个概念本身就包含着公众与政府的关系是一种被动的交易过程，而不是相互作用的政治过程。在这种关系中，政府基本上是个独立于顾客即公众的组织者，公民除了投票之外，极少有积极的民主参与行为。这种做法实际上是将公共服务的供给独立于公共政策的制定，其目的是减弱政治对行政的干预，使得行政能以理性、客观的标准而不是以民主的谈判和协商方式来制定政策"②。

第二，将公民与政府之间的关系看成是顾客和企业之间的关系将会导致公民之间的不平等。企业作为一个私营组织，其所有的经营活动都是为了一个目的——营利。要想实现营利的目的，就必须为其生产的产品找到消费者，而要想为其产品找到消费者，就必须使其产品符合消费者的消费需求，所以，针对不同的消费群体分别提供不同产品的区别对待原则，是商业领域里的一条基本法则。政府所提供的服务必须是平等的、无偏私的和无差别的，而不能根据不同消费者的不同消费偏好和支付能力提供不同的公共服务，比如环境保护、社会治安、国防安全等。试想如果我们的政府对那些到政府机关寻求服务的人，

① 井敏. 服务型政府中的公民角色：积极公民而不是顾客 [J]. 湖北行政学院学报，2007（4）.
② NEAL R. Reconstructing citizens as consumers: implications for new modes of governance [J]. Australian Journal of Public Administration，2001（3）：104-109.

也根据不同的消费偏好和支付能力提供不同质量的服务，那将是一个怎样的政府？其结果必然是有钱有势的大顾客将会得到更多的关注，而声音微弱的小顾客就会被忽视。

第三，公民基于对政府的所属关系，有一种参与公共事务的渴望，而顾客则无权干涉企业的内部经营行为。公共利益的达成绝不是单个顾客利益的简单相加，而是公民通过积极参与相互调适的结果。公民这种对公共事务的参与渴望，以及在参与中创造共识、构建合作基础的公共意识显然是企业的顾客所不具有的。所以，在未来的服务型政府中，公民绝不是政府公共服务的被动消费者，而是积极参与者。

第四，公民是具有公共精神的一个群体，而顾客只是一个具有理性思维的选择者。桑德尔说："公民看起来会超越自身利益去关注更大的公共利益，进而会采用一种更加广阔且更具长期性的视野，这种视野要求公民了解公共事务、有归属感、关心整体并且与命运危若累卵的社区达成一种道德契约。"①这就说明公民有一定的公共精神。所谓公共精神，在埃文斯和博伊特看来就是一种政治利他主义，即"关心公共利益、社区整体的福利，一个人所拥有的尊重他人权利的意愿，对不同宗教信仰、政治信仰和社会信仰的容忍，承认社区的决策重于一个人的私人偏好，以及承认一个人有责任保护公众和为公众服务"的精神②。具备这种精神的人还将表现出一种对弱势群体的关爱，以及在这种关爱基础上产生的自觉地为他们争取利益并采取行动的责任感，在一定情况下，甚至会主动出让自己的一部分利益而平衡弱势群体的利益，而且不求回报。这种精神显然是追求个人利益最大化的顾客所不具有的。公民不只是享有被动地选择政府服务的权利，公民还拥有参与并通过参与而决定政府服务内容、服务方式的权利，这才是服务型政府中的公民角色定位。③

因此，以人民为中心建设服务型政府，离不开人民群众的广泛参与。我国

---

① MICHAEL S. Democracy's discontent [M]. Cambridge：Belknap Press of Harvard University Press，1996：5-6.
② EVANS S M，HARRY C B. Free space [M]. New York：Harper and Row，1986：5.
③ 井敏. 服务型政府中的公民角色：积极公民而不是顾客 [J]. 湖北行政学院学报，2007（4）.

服务型政府建设始终注重扩大公民参与范围、深化公民参与程度、优化公民参与效果，并建立起一整套公民参与治理的体制机制，确保在行政决策中充分反映人民群众利益诉求并广泛汇集民智，在行政实践中不断满足人民群众多样化的需要。各级政府还建立起防止公权滥用的民主监督机制、行政问责机制以及体现公众意志的绩效评估机制等，不断提高广大人民群众的参与程度。[①]

参与型行政文化、法理型行政文化和服务型行政文化是新时代我国行政文化发展的三大趋势。这三者之间不是孤立的，而是相互联系着的，它们之间基本上不具有很鲜明的先行后继的时间顺序。从总体上看，参与型行政文化是基础，如果没有参与型行政文化，那么法理型行政文化和服务型行政文化就不能健康发展。法理型行政文化是保障，法理型行政文化如果不能得到长足的发展，就会影响我们社会主义国家民主、法治的发展进程，参与型行政文化和服务型行政文化就是一句空话。服务型行政文化是落脚点，我们发展参与型行政文化、构建法理型行政文化的目的就是促进服务型行政文化的发展。只有将参与型行政文化、法理型行政文化和服务型行政文化这三种样态的行政文化有机地融合起来，统一中国特色社会主义行政实践，才能构建出与社会主义市场经济相适应的、符合社会主义法治国家要求和服务型政府要求的新时代行政文化。

---

① 丁煌. 将为人民服务的宗旨落到实处 [N]. 人民日报, 2018-09-09.

[7]

新时代我国行政文化的构建

新时代构建我国的行政文化，必须坚持以马克思主义为理论指导，必须坚持以人民为中心的基本原则。新时代构建我国行政文化的主要路径包括传承我国优秀的传统行政文化，弘扬我国现代行政文化中的积极因素及借鉴国外行政文化中的科学成分等。

7.1　新时代构建行政文化的理论指导——马克思主义

马克思主义从19世纪末开始传入中国，在这一个多世纪里，中国发生了巨大的变化。中国共产党把马克思主义和中国的国情相结合，领导中国人民推翻了帝国主义、封建主义和官僚资本主义的反动统治，建立了中华人民共和国，现在正运用马克思主义引导全国人民为社会主义现代化事业而努力奋斗。①马克思主义是我们立党立国的根本指导思想，是无产阶级认识世界和改造世界的科学的世界观和方法论。马克思主义关于阶级、国家、政治、经济、法律、组织、文化等方面的观点，为新时代行政文化的构建提供了理论依据和理论指导。

---

① 丁守和. 中国近代思潮论［M］. 广州：广东人民出版社，2003：130.

　　新时代构建行政文化，必须以马克思主义为理论指导。当然，这里所说的"以马克思主义为理论指导"并不是对马克思主义欧洲形式的照搬照抄，而是指灵活运用马克思主义与中国社会现实相结合后形成的中国化的马克思主义为理论指导。中国化的马克思主义至少应该包含三个方面的含义：一是必须坚持马克思主义的普遍原理；二是必须密切结合中国的实际；三是必须不断与时俱进。[①]新时代构建行政文化的理论指导，即中国化的马克思主义，包括以下内容：

　　第一，毛泽东思想。毛泽东思想是在20世纪初叶的中国大地上产生和发展起来的。在中国革命时期，面对反帝反封建、争取民族独立和人民解放、实现振兴中华的伟大使命，中国共产党人把马克思主义的基本原理同中国实际相结合，实现了我们党的指导思想的第一次历史性飞跃，产生了毛泽东思想。党的七大正式将"毛泽东思想"作为我们党的指导思想并写入党章。在中华人民共和国成立以后的社会主义革命实践中，以毛泽东为代表的中国共产党人创造性地运用了马克思主义基本原理，制定了适合我国实际国情的关于对农业、手工业和资本主义工商业进行社会主义改造的一系列方针、政策，把马克思、恩格斯关于对资本主义工商业实行"和平赎买"的设想变为现实。社会主义制度建立后，面对中国当时社会生产力落后、商品经济发展水平较低的国情，以毛泽东为代表的中国共产党人开始了如何建设社会主义的艰苦探索。例如，毛泽东在《论十大关系》中提出了"调动一切积极因素，探索适合中国国情的社会主义建设道路"的策略和方针；在《关于正确处理人民内部矛盾的问题》中提出把正确处理人民内部矛盾作为国家政治生活的主题，并提出了正确处理人民内部矛盾的一系列方针和政策。1981年6月，中共十一届六中全会通过的《关于建国以来党的若干历史问题的决议》，对毛泽东思想做出了科学定义：毛泽东思想是马克思列宁主义在中国的运用和发展，是被实践证明了的关于中国革命和建设的正确的理论原则和经验总结，是中国共产党集体智慧的结晶。《毛

　　① 戈玲. 欲"开新"先"返本"——关于马克思主义在中国的发展 [J]. 中国青年政治学院学报，2006（2）.

泽东选集》第一卷至第四卷、《毛泽东文集》第一卷至第八卷、《毛泽东军事文集》第一卷至第六卷等科学著作，是它的集中概括。毛泽东思想是一个完整的科学理论体系，是中国共产党的指导思想，也是马克思主义与时俱进理论品质的集中体现。正是在毛泽东思想的指导下，中国共产党才领导中国人民完成了新民主主义革命的任务，实现了民族独立和人民解放，建立了中华人民共和国，取得了社会主义建设的伟大成就。

第二，邓小平理论。邓小平理论是在和平与发展成为时代主题的历史条件下形成和发展的。党的十一届三中全会拨乱反正，重新确立了实事求是的思想路线，实现了中国共产党的伟大历史转折。在改革开放和社会主义现代化建设的新时期，以邓小平为核心的党的第二代中央领导集体继续高举马克思列宁主义、毛泽东思想的伟大旗帜，解放思想，积极探索，最终形成了建设中国特色社会主义的理论，实现了马克思主义与中国实际相结合的第二次历史性飞跃。邓小平理论坚持解放思想、实事求是，继往开来，开拓了马克思主义的新境界。他坚持科学社会主义理论和实践的基本成果，抓住"什么是社会主义、怎样建设社会主义？"这一根本问题，深刻地揭示社会主义的本质，把对社会主义的认识提高到新的科学水平，初步形成了建设中国特色社会主义理论的科学体系。所以，邓小平理论正是由于其解决了中国社会主义向何处去的时代课题，使其成为马克思主义在中国发展的新阶段。它集中地反映在《邓小平文选》第一卷至第三卷之中。邓小平理论是马克思列宁主义的基本原理同当代中国实践和时代特征相结合的产物，是毛泽东思想在新的历史条件下的继承和发展，是当代中国的马克思主义，是中国共产党集体智慧的结晶，它对我国社会主义现代化事业的影响深远。

第三，"三个代表"重要思想。党的十三届四中全会以来，我国第三代中央领导集体在建设中国特色社会主义的伟大实践中，进一步丰富和发展邓小平理论，创立了"三个代表"重要思想，开辟了马克思主义发展的新境界。"三个代表"重要思想是对马克思列宁主义、毛泽东思想、邓小平理论的继承和发展，是马克思主义在中国发展的第三次飞跃，是我国第三代中央领导集体经过长期探索做出的战略思考。它反映了当代世界和中国的发展变化对党和国家工作的新要求，是党必须长期坚持的指导思想。"三个代表"重要思想是中国共产党永保先进性的政治宣言、执政兴国的伟大纲领，是我们的立党之本、执政之基、力量之源。它贯通了哲学、政治经济学、科学社会主义等各个领域，涵盖了新世纪党和国家各条战线、各项建设的方方面面。高举"三个代表"重要思想的伟大旗帜，就是高举马克思列宁主义、毛泽东思想、邓小平理论的伟大旗帜。"三个代表"重要思想对于我们在新世纪新阶段全面加强和改进党的建设，不断开创中国特色社会主义事业新局面，实现中华民族的伟大复兴，具有重大的理论意义和长远的指导意义。

第四，科学发展观。科学发展观是对党的三代中央领导集体关于发展的重要思想的继承和发展，是马克思主义关于发展的世界观和方法论的集中体现，是同马克思列宁主义、毛泽东思想、邓小平理论和"三个代表"重要思想既一脉相承又与时俱进的科学理论，是我国经济社会发展的重要指导方针，是发展中国特色社会主义必须坚持和贯彻的重大战略思想。科学发展观是立足社会主义初级阶段基本国情，总结我国发展实践，借鉴国外发展经验，适应新的发展要求提出来的。科学发展观第一要义是发展，核心是以人为本，基本要求是全面协调可持续，根本方法是统筹兼顾。深入贯彻落实科学发展观，要求我们始终坚持"一个中心、两个基本点"的基本路线。党的基本路线是党和国家的生命线，是实现科学发展的政治保证。以经济建设为中心是兴国之要，是我们党、我们国家兴旺发达和长治久安的根本要求；四项基本原则是立国之本，是我们党、我们国家生存发展的政治基石；改革开放是强国之路，是我们党、我们国家发展进步的活力源泉。要坚持把以经济建设为中心同四项基本原则、改革开放这两个基本点统一于发展中国特色社会主义的伟大实践，任何时候都绝不能动摇。①

第五，习近平新时代中国特色社会主义思想。党的十九大确立了习近平新

---

① 佚名. 胡锦涛强调，要深入贯彻落实科学发展观［EB/OL］.（2007-10-15）. http：//cpc. people.com.cn/GB/104019/104098/6378312.html.

时代中国特色社会主义思想的指导地位。习近平新时代中国特色社会主义思想，彰显着坚定理想信念，充满着对马克思主义的坚定信仰，充满着对共产主义、社会主义的坚定信念，充满着"革命理想高于天"的豪迈情怀；展现着真挚人民情怀，是坚持以人民为中心的"人民至上论"，是实现人民对美好生活向往的"人民幸福论"；贯穿着高度自觉自信，饱含着对传承中华民族5 000多年文明的自觉自信，对发扬党的优良传统的自觉自信，对坚持和发展中国特色社会主义的自觉自信，对我们正在做的事情的自觉自信，对党和国家事业光明前景的自觉自信；体现着鲜明问题导向，深刻回答了新时代党和国家发展面临的一系列重大理论和现实问题；充满着无畏担当精神，这种担当是一种现实的担当、无私的担当、无畏的担当。习近平新时代中国特色社会主义思想的精髓，也可以说是精神实质，就是为人民谋幸福、为民族谋复兴、为世界做贡献。为人民谋幸福，是当代中国共产党人的人民立场，是中国共产党毫不动摇的初心；为民族谋复兴，是当代中国共产党人的民族抱负，是中国共产党自诞生起就肩负起的伟大历史使命；为世界做贡献，是当代中国共产党人的世界责任，是中国共产党人为人类谋和平、谋发展的使命担当。学习习近平新时代中国特色社会主义思想，要在领会基本内容的同时，深入理解和掌握贯穿其中的精髓要义。[①]习近平新时代中国特色社会主义思想，是这个伟大时代的产物，是把马克思主义基本原理与新时代中国国情和时代特征相结合的伟大理论成果。这一思想以新时代中国特色社会主义实践为基础，既忠实传承了马克思主义的理论本源，继承了中华优秀传统文化的根脉，赓续了中国共产党人一以贯之的思想主张，又做出一系列新的重大判断、新的理论概括、新的战略安排，以具有中国特色、中国风格、中国气派的原创性理论成果，实现了马克思主义中国化在新时代的历史性飞跃，是当代中国的马克思主义、21世纪的马克思主义。[②]

马克思主义、毛泽东思想、邓小平理论、"三个代表"重要思想、科学发展观和习近平新时代中国特色社会主义思想，在政治社会化的过程中居于主导

---

① 颜晓峰. 系统领会习近平新时代中国特色社会主义思想精髓要义 [N]. 新华日报，2018-07-17.
② 赵周贤，刘光明，王强. 习近平新时代中国特色社会主义思想的原创性贡献 [N]. 经济日报，2018-08-30.

地位，是中国社会的主流意识形态。新时代进行行政文化构建，必须坚持马克思主义的理论指导地位不动摇，否则，行政文化的发展就有可能背离中国特色社会主义道路。

7.2 新时代构建行政文化的基本原则——以人民为中心

党的十九大报告站在时代前沿和全局高度，以"坚定文化自信，推动社会主义文化繁荣兴盛"为总纲，对新时代中国特色社会主义文化建设做了总体部署与战略安排，而贯穿其始终作为思想支撑的就是以人民为中心的文化发展战略思想。新时代的行政文化构建作为中国特色社会主义文化建设的内容之一，也必须要以以人民为中心的文化发展战略思想为思想支撑，坚持以人民为中心的基本原则。

党的十九大明确指出，坚持以人民为中心。人民是历史的创造者，是决定党和国家前途命运的根本力量。必须坚持人民主体地位，坚持立党为公、执政为民，践行全心全意为人民服务的根本宗旨，把党的群众路线贯彻到治国理政全部活动之中，把人民对美好生活的向往作为奋斗目标，依靠人民创造历史伟业。[①]中国特色社会主义进入新时代，我国社会主要矛盾已经发生转化，在文化上的表现就是人民日益增长的精神文化需求与现实文化发展不平衡不充分之间的矛盾。文化发展的不平衡性主要体现在城乡发展不平衡、区域发展不平衡、投入产出不平衡以及经济效益与社会效益不平衡等方面，因此它要求文化发展更平等、更协调、更公平；文化发展的不充分性并不是说文化生产难以满足人民的基本需要，而是指文化生产的结构性过剩和结构性不足同时并存，文化生产有数量欠质量等，因此它要求文化发展更快、更好、更有效率。解决新时代文化主要矛盾的关键，就是要以满足人民群众多样化、多层次、多方面的

---

① 习近平. 决胜全面建成小康社会 夺取新时代中国特色社会主义伟大胜利——在中国共产党第十九次全国代表大会上的报告 [M]. 北京：人民出版社，2017：21.

精神文化需求为方向，不断改革创新，不断自主创造，推动文化事业和文化产业繁荣发展，这也成为习近平以人民为中心的文化发展思想的战略重点。^①在此背景下，我国行政文化的构建要坚持以人民为中心的原则，充分考虑人民群众的需要，要做到行政文化的构建必须为了人民。例如，浙江衢州的"最多跑一次"的行政审批改革是以人民为中心的发展思想的生动实践，有力推动了政府职能的深刻转变、权力运行方式的深刻变革。由于坚持标准化、制度化路径，"最多跑一次"改革具有较强的可复制性和推广价值。^②"最多跑一次"的政府改革是以人民为中心原则构建行政文化的生动体现。

坚持以人民为中心原则构建的行政文化，必须包含下述内容：

（1）法治

社会主义市场经济的不断发展使得其自身的法治性和开放性得到不断的发展而完善，这也就在客观上要求行政文化打破传统"人治"的桎梏，继而转向"法治"。现代社会兴起的民主政治是一种法治政治，它在本质上要求行政实践的法治化、有序化、制度化，要求行政文化体现法治的特性。党的十五大明确提出，要"继续推进政治体制改革，进一步扩大社会主义民主，健全社会主义法制，依法治国，建设社会主义法治国家"。党的十六大也指出，发展社会主义民主政治，最根本的是要把坚持党的领导、人民当家作主和依法治国有机统一起来。党的十七大进一步指出："全面落实依法治国基本方略，加快建设社会主义法治国家。"党的十八大指出："全面推进依法治国。法治是治国理政的基本方式。"十九大强调："全面依法治国是中国特色社会主义的本质要求和重要保障。必须把党的领导贯彻落实到依法治国全过程和各方面，坚定不移走中国特色社会主义法治道路，完善以宪法为核心的中国特色社会主义法律体系，建设中国特色社会主义法治体系，建设社会主义法治国家，发展中国特色社会主义法治理论，坚持依法治国、依法执政、依法行政共同推进，坚持法治国家、法治政府、法治社会一体建设，坚持依法治国和以德治国相结合，依法治国和依

---

① 袁久红. 坚持以人民为中心的文化发展战略思想［N］. 新华日报, 2018-01-24.
② 中国经济体制改革杂志社"地方改革创新案例研究"课题组. 推动以人民为中心的整体性政府改革——基于衢州市"最多跑一次"改革探索的调查研究［N］. 社会科学报, 2018-12-13.

规治党有机统一，深化司法体制改革，提高全民族法治素养和道德素质。"①

行政文化的法治特性体现在行政管理领域就是现代社会必须依法行政。依法行政是依法治国的核心环节，依法行政的目标必然是建设法治政府，这就要求行政机关行使行政权力必须严格依照法律规定的内容和程序，不能超越法律规定的权限和幅度；法律法规无明确规定的，行政机关行使行政权力时要符合宪法和法律的精神，符合国家与人民的利益和社会的发展，不能滥用职权；行政机关必须有完整的自我制约和监督机制。②这就要求行政机关自觉运用体现最广大人民根本利益的法律管理国家事务、经济文化事业和社会事务，按照合法行政、合理行政、程序正当、高效便民、诚实守信、权责统一的要求，做到有权必有责、用权受监督、违法受追究、侵权要赔偿。③

（2）正义

坚持以人民为中心原则构建的行政文化，必须追求正义。正义包括公平、公正、平等等内容。弗雷德里克森在《新公共行政》一书中论述："社会公平包含着包括组织设计和管理形态在内的一系列价值取向的选择。社会公平强调政府提供服务的平等性；社会公平强调公共管理者在决策和组织推行过程中的责任与义务；社会公平强调对公众要求做出积极的回应而不是以追求行政组织自身需要的满足为目的；社会公平强调在公共行政的教学与研究中更注重与其他学科的交叉以实现对解决相关问题的期待……总之，倡导公共行政的社会公平是要推动政治权力以及经济福利转向社会中那些缺乏政治、经济资源支持，处于劣势境地的人们。"④维护社会公平，弘扬社会正义，是社会主义国家行政管理的题中之义。

正义与公平、公正一样，是人类最古老、最基本的道德观念。罗尔斯认为它们是"社会制度的首要德行，正像真理是思想体系的首要德行一样"⑤。罗

---

① 习近平. 决胜全面建成小康社会　夺取新时代中国特色社会主义伟大胜利——在中国共产党第十九次全国代表大会上的报告 [M]. 北京：人民出版社，2017：22-23.
② 陈洪泽. 论依法行政与行政效率 [D]. 天津：天津商业大学，2007.
③ 承友明. 依法行政在构建社会主义和谐社会中的作用研究 [D]. 合肥：合肥工业大学，2007.
④ 丁煌. 西方行政学说史 [M]. 武汉：武汉大学出版社，1999：405.
⑤ 罗尔斯 J. 正义论 [M]. 何怀宏，何包钢，廖申白，译. 北京：中国社会科学出版社，2009：3.

尔斯认为，正义建立在两个基本原则之上：一是每个人都应平等地拥有最广泛的基本自由权；二是社会分配在个人之间的差异以不损害社会中境况最差的人的利益为原则，而且地位和职务应向所有人开放。

美国著名经济学家阿瑟·奥肯经过研究发现，机会均等与效率是相互促进的，因为在机会均等的社会中，财富分配的差别、经济收入的多少是由人的努力和能力来决定的，这将对人们产生强烈的激励作用。而在机会不均等的社会中，财富分配差别主要是由种种直接或间接的强制性因素形成的，这使得一部分人凭能力取得财富和获得社会认可的机会被剥夺，导致社会不公并产生矛盾，矛盾积累到一定程度，就会引发社会危机。①实现中华民族伟大复兴的中国梦，建设社会主义法治国家，构建与之相适应的行政文化，必须实现社会普遍的公平、公正。如果社会丝毫没有实现或者根本就不追求普遍的公平、公正，那么这个社会就如"风中的陀螺"一样失去方向，所谓的"和谐""法治"建设就会成为空中楼阁。

以人民为中心的行政文化，必然要求行政公开，因为行政公开是实现正义的前提。行政公开是行政法的基本原则之一，其基本含义是：政府行为除依法应保密的以外，应该一律公开进行；行政法规、规章，行政政策以及行政机关做出影响行政相对人权利、义务的行为的标准、条件、程序应依法公布，让行政相对人依法查阅、复制；有关行政会议、会议决议、决定以及行政机关及其工作人员的活动情况，除依法应保密的以外，应允许新闻媒介依法采访、报道和评论。②《中华人民共和国宪法》第二条规定："中华人民共和国的一切权力属于人民。……人民依照法律规定，通过各种途径和形式，管理国家事务，管理经济和文化事业，管理社会事务。"该法第二十七条第二款写道："一切国家机关和国家工作人员必须依靠人民的支持，经常保持同人民的密切联系，倾听人民的意见和建议，接受人民的监督，努力为人民服务。"在政府机关任职的国家公务员是受人民聘请和委托，代为行使行政权力，他们必须尽职尽责，对

---

① 陈予军. 公平公正是和谐社会的基石 [EB/OL]. (2006-03-10). http: //finance.sina.com.cn.
② 朱春燕. 行政法基本原则之探讨——行政公开参与原则的原理构析及其应用浅评 [EB/OL]. (2005-03-11). http: //www.law-lib.com/lw/lw_view.asp? no=4778.

人民负责。行政如果不公开，那么在一定程度上讲就是对人民权力的侵吞，就是对人民的不忠。行政行为必须接受人民的监督，而人民要对行政进行监督，首先必须要参与，这就必然要求行政公开。中国共产党是全国各族人民的忠实代表，以全心全意为人民服务为自己的宗旨。从中央到地方的各级人民政府，都是人民通过自己的代表选举产生，并授予其管理国家事务、管理经济和文化事业、管理社会事务等方面的职权。所以，各级人民政府毫无疑问应密切联系人民群众，倾听人民群众的呼声和意见，对人民负责，接受人民群众的监督。行政公开是人民政府依法行政的一项基本原则。行政公开是民主政治之本意，是社会发展的必然。深入发展社会主义一个重要内容就是发展社会主义民主，而发展社会主义民主就应该坚持行政公开原则。①

（3）廉洁

廉洁是维护政府形象、密切政府和人民的关系、提高政府合法性的最基本要求，也是提高行政效能的前提和保证。我们的人民政府始终在追求廉洁奉公，整体上是廉洁的。但是，随着经济体制改革和社会利益结构分化，贪污腐败现象有所抬头，政府的形象受到很大影响。党的十八大以来，以习近平同志为核心的党中央以强烈的历史责任感、深沉的使命忧患意识和顽强的意志品质，大力推进党风廉政建设和反腐败斗争，在这场"输不起的斗争"中向党和人民交出了一份优异的答卷。截至2017年6月底，全国共立案审查中管干部280多人、厅局级干部8 600多人、县处级干部6.6万人，共处置问题线索236.2万件，立案141.8万件，处分140.9万人，移送司法机关依法处理5.4万人；截至2017年7月底，累计查处违反中央八项规定精神问题18万多起，处理24万多人；截至2016年底，共追回外逃人员2 566人，追回赃款86.4亿元，已有45名"百名红通人员"落网；截至2017年6月底，共处分乡科级及以下党员干部134.3万人，处分农村党员干部64.8万人。国家统计局问卷调查结果显示，人民群众对反腐败工作成效表示很满意或比较满意的比例由2012年的75%增长

---

① 韩士彦. 行政公开论 [EB/OL]. (2006-05-13). http://www.modernlaw.cn/e/DoPrint/? classid=30&id=2240.

至 2016 年的 92.9%。^①由此看来，加大反腐倡廉力度，构建廉洁型行政文化正当时。这是以人民为中心的行政文化的主要内容。

坚持以人民为中心的原则，构建廉洁型行政文化的必然要求包括：一是要倡导全心全意为人民服务的精神，树立公仆意识。我国是共产党领导的社会主义国家，人民当家作主，人民是国家的主人，行政人员是人民的公仆。从某种意义上说，是否倡导全心全意为人民服务的精神，是否代表最广大人民的根本利益，可以作为判断一种行政文化是否先进的基本标准。二是要贯彻以德治国的思想。社会主义国家的以德治国是与依法治国相结合的，其根本原则就是树立为人民服务的精神。以德治国就是要求行政主体严格自律，自觉提高自身的思想道德品质，忠于职守，勤政为民，公正执法，廉洁自律。^②三是要强化法治思维，提高拒腐防变的能力。行政人员要自觉强化法治思维和"四个意识"，提高反腐倡廉执行力，并积极贯彻落实习近平新时代中国特色社会主义思想，反对拜金主义、享乐主义和极端个人主义，自觉接受人民和法律的监督。

坚持以人民为中心的原则，构建廉洁型行政文化，必然要求做到民主。民主是与专制相对而言的，专制的基本含义是社会上少数人对多数人的统治，民主的含义则是指社会上多数人的统治管理，实行民主是社会进步的标志。发达国家利用民主原则调节其内部机制；后进或者落后国家实行民主化改革；社会主义国家多在扩大民主范围；我国也提倡政治民主化和社会生活民主化。^③社会主义民主是社会主义政治文明的核心。民主政治在行政管理中有深刻体现：第一，政府机关作为我国权力机关的执行机关，具有维护人民权益的责任和义务，政府机关及其工作人员在开展行政活动时不得损害公民、企事业单位和人民团体的合法权益；第二，要通过各种方式让人民群众参与政府管理；第三，政府应提高透明度，实行政务公开制度，把政府工作置于广大人民群众的监督

---

① 温红彦，盛若蔚，等．坚决打赢反腐败这场正义之战——党的十八大以来反腐败斗争成就述评 [N]．人民日报，2017-09-18.
② 唐检云．论中国行政文化创新 [D]．湘潭：湘潭大学，2001.
③ 丁守和．中国近代思潮论 [M]．广州：广东人民出版社，2003：90-91.

之下。①改革开放以来，发展社会主义民主，建设社会主义民主政治一直是我国社会主义政治体制改革的重要目标。"没有民主就没有社会主义，就没有社会主义的现代化"②。"进行政治体制改革的目的，总体来讲是要消除官僚主义，发展社会主义民主，调动人民和基层单位的积极性"③。党的十九大提出："从二〇三五年到本世纪中叶，在基本实现现代化的基础上，再奋斗十五年，把我国建成富强民主文明和谐美丽的社会主义现代化强国"。为完成这一目标，必须要重视对社会主义民主的发展，体现在行政文化中，就是要重视对"民主"这一价值目标的不懈追求。

（4）有效

"有效"是坚持以人民为中心原则构建的行政文化的又一个核心范畴。新时代行政文化中的"有效"至少有三层含义：一是有效率；二是有效果；三是效率与效果有机统一。如果行政只讲求效率而不讲求效果，那么就容易导致"政绩急躁症"；如果行政只讲求效果而不讲求效率，那么就容易浪费行政成本。艺术化的管理通常都是将二者有机地统一起来，既要先解决最重要、最紧急的事务，又要把它处理得最有效率、最有效果。

行政效率是指国家行政机关和行政人员从事行政管理活动所得到的劳动效果、社会效益同所消耗的人力、物力、财力、时间的比率关系。④传统的行政效率主要由行政组织自身的投入和产出之间的比率来确认，即着眼于微观层面，关注的焦点是提高效率的原则和途径。因为这些原则和途径涉及组织、领导、决策、人事等管理的各个方面，效率研究实际上成为管理的综合研究。⑤然而，仅仅从这个角度来衡量行政是不全面的。企业在提高效率的同时关注的是经济效益，政府在提高效率的同时应该更多地关注社会效益。政府是提供公共产品、公共服务的公共管理部门，我们不仅看重政府自身的运作，看重各级行政组织在一定时间内制定、发布了多少行政法规、政策，召开了多少次会

① 陈怀志. 论我国社会主义现代行政文化的构建 [D]. 成都：四川师范大学，2004.
② 邓小平. 邓小平文选：第二卷 [M]. 北京：人民出版社，1994：168.
③ 邓小平. 邓小平文选：第三卷 [M]. 北京：人民出版社，1993：177.
④ 黄达强，刘怡昌. 行政学 [M]. 北京：中国人民大学出版社，1988：365.
⑤ 周志忍. 行政效率研究的三个发展趋势 [J]. 中国行政管理，2000（1）.

议，传达了多少个通知，执行了多少条政策，我们更看重行政产生的社会后果——它所提供的产品和服务最终在多大程度上满足了公众的需求，即行政效率主要应从宏观上来确定，这是行政的公共性使然，因此，突破传统的以行政部门为目标的效率定位，代之以"公众需求"为目标的效率追求，是服务型行政文化的内在要求。①

构建有效型行政文化，正确认识、处理"效率"和"效果"之间的关系，在一定程度上也就是处理"效率"与"公平"之间的关系。改革开放以来，我国经济总量、综合经济实力大大增强，居民生活总体上已达到小康水平，正向全面实现小康过渡。"效率优先，兼顾公平"是我国一定时期收入分配的指导方针，适合当时的实际情况和发展需要，是完全正确的，但它不是整个市场经济时期不变的法则。根据我国经济发展和贫富差距等现状，现在应该是淡化"效率优先，兼顾公平"这一法则的时候了，可以逐渐向"公平与效率并重"或"公平与效率优化组合"过渡。有效型行政文化在倡导行政应该提高效率的同时，更加注重行政的社会效果，在很大程度上可以平衡"效率"与"公平"之间的关系。

美国著名政治家、思想家詹姆斯·麦迪逊有一句名言："如果人都是天使，就不需要任何政府了。如果是天使统治人，就不需要对政府有任何外来的或内在的控制了。在组织一个人统治人的政府时，最大困难在于必须首先使政府能管理被统治者，然后再使政府管理自身。"②这句话包含着政府权力有限的意思。政府权力是有限的，这主要是因为：

第一，政府的权力来自于人民，人民对政府的授权是有限的。在现代社会，按照契约理论，人民组成政府时保留了自己的绝大部分基本权利，如自由从事经济活动的权利、私有财产神圣不可侵犯的权利、获得公平对待的权利、免于迫害的权利、自由从事创造活动的权利等；公民让渡给政府的权力是有限的，政府所获得的仅仅是仲裁纠纷、保护产权、维护秩序、促进公平的权力。

---

① 王聪. 新时期我国行政文化创新初探 [D]. 泉州：华侨大学，2004.
② 汉密尔顿，杰伊，等. 联邦党人文集 [M]. 程逢如，等，译. 北京：商务印书馆，1980：264.

对授予政府的权力，人们也极不放心，担心这些有限的权力被滥用，于是人们费尽心思建立了有限政府。有限的权力也不能集中到一个机构手中，而是根据分权原则设立不同机构行使不同的权力。

第二，市场经济给政府划定了权力边界。市场经济意味着政企分开，政府与市场各有自己活动的空间，政府不插手民间的经济事务，市场经济和有限政府组成一个相伴相生的共同体。在市场经济条件下，政府职能的范围应当弥补市场的不足，即矫正市场失灵和维护社会公平。市场经济要扩展，必须对政府的权力、职能和规模进行限制。

第三，法治要求。孟德斯鸠说过："一切有权力的人都容易滥用权力，这是万古不易的一条经验。有权力的人们使用权力一直到遇有界限的地方才休止。"[①]任何权力都不可能完全免于专横之虞，而不论掌权者在行使专横权力时的动机是多么高尚，只要是有政府行为的地方，就有可能产生专横。不仅专制独裁者的权力不例外，以民主的方式产生的多数派的权力也不例外。孟德斯鸠认为："从事物的性质来说，要防止滥用权力，就必须以权力约束权力。"[②]法治的主要功能在于防止、束缚专横的权力，这就是说，实行法治就必须确定一个"有限的政府"。

要顺利进行新时代中国特色社会主义伟大实践，就必须实现从全能政府向有限政府转变，这是因为：首先，政府能力有限。在现代社会，社会分工越来越复杂，知识发展日新月异，这决定了人们只能具有有限的知识和不完备的信息，人们处理知识和信息的能力也有限，不可能无所不知、无所不能。这是政府之所以是有限政府的根本原因。其次，政府的集体理性是有限的，人无完人，政府也不是万能的，政府的决策也有可能出现或大或小的失误。政府本身存在着垄断性、官僚组织的自利性，政府也可能忘记自己的职责，直接参与市场竞争，与民争利，并不能像理想中的那样退到市场外，通过"有形的手"使资源配置达到帕累托最优。[③]

① 孟德斯鸠. 论法的精神（上册）[M]. 张雁深，译. 北京：商务印书馆，1961：154.
② 孟德斯鸠. 论法的精神（上册）[M]. 张雁深，译. 北京：商务印书馆，1961：154.
③ 单以红. 当代中国行政文化创新研究 [D]. 南京：河海大学，2004。

坚持以人民为中心的原则，必须构建有限型行政文化。这里的"有限"，主要是指政府权力的有限。值得强调的是，应该注意这样两组关系：一是有限与责任。权力的有限性是政府为其行为负责任的条件之一，权力越大，责任越大。如果权力无限，那么责任也就无限了，最后的逻辑就是，政府是没有能力为这样的无限大的责任负责的。一般认为，市场经济条件下的政府是有限政府，其实，在现代社会，不论是什么政体和什么经济条件下的政府，只要是真正负责任的政府，都是有限政府。二是有限与有效。政府有限不是目的，有效才是目的。有限的政府是有效的政府的前提，不是有限的政府，不可能是有效的政府。

（5）职业化

坚持以人民为中心原则构建行政文化，必须加强对"职业化"的重视。唐太宗曰："为政之要，惟在得人。用非其才，必难致治。今所任用，必须以德行学识为本。"①中国古代君王对人才在国家治理中的作用就已经有了清醒的认识。随着科学技术的进步和社会主义市场经济的发展，行政已经成为一个专门的职业领域。行政是一种职业，管理是一种艺术，人民的权力需要一批具有专业素质的职业人士来代为执行。职业化塑造是建立公共政府的基础和保障，是行政权力得以有效运行的关键。例如，政府的金融政策、环境政策、产业政策等要随着社会政治、经济情况的变化而不断调整，如果没有高深的行政专业知识，没有训练有素的职业化团队，就没有能力做出科学合理的决策，更不存在向社会有效推行的可能性。这就是我们把"职业化"作为新时代以人民为中心的行政文化的内容的原因。

职业化有以下一些特征：

第一，专业化。专业化是社会分工的结果，是效率的源泉。关于这一点，亚当·斯密早已有了清晰的论述。专业化也是职业化最基本的内容。既然职业是基于不同行业及职位的划分，那么不同行业就会有不同的行业要求，不同职

---

① 吴兢. 贞观政要［M］. 北京：北京燕山出版社，1995：243.

位也会有不同的任职资格要求。因此，专业化就建立在"术业有专攻"的基础上，要求人们具有完成工作所必需的专业知识和职业技能，不仅能够达到工作的要求，能胜任工作，而且能够建设性地开展工作。专业化是区分职业化和非职业化的一个基本标志。

第二，规范化。规范化是职业化的又一个基本内容。规范化的首要含义就是要求每一职业都要有自身的职业规范，形不成职业规范，就难以成为职业；其次要求所有的从业人员都要按照职业的基本规范去进行并完成工作，严格遵守职业规范。

第三，制度化。制度化是职业化的一个重要方面，它是指所有从业人员都要遵守工作中的制度、纪律和其他一切规则。职位和职位之间、职位和组织之间、组织和社会之间的广泛联系要通过相应的制度、规则来建立。制度是行为规范，它对工作中的人进行约束，以减少工作的随意性和主观主义对工作造成的冲击。制度化是职业化的保证。

第四，理性化。理性化是指要有良好的职业意识，正确认识和理解工作。工作不仅仅是兴趣、爱好，也不是"自由的生命的表现"，因此，要尽量客观、冷静、理性地对待工作，不因个人情绪和好恶而影响工作。

第五，自主化。自主化要求职业人要有良好的职业觉悟，要认识到不是在为别人工作而是在为自己工作，因而，能够积极主动地投入工作，自觉地履行岗位职责，诚实、守信，勤勉、尽责，自觉坚守社会道德和职业道德。

坚持以人民为中心的原则，构建职业化的行政文化，需要大力倡导三大意识：一是职业价值意识。行政是从业人员体现自身价值的一种职业方式，行政人员应树立职业荣誉感和敬业精神，自觉维护职业形象，珍惜从业机会。二是职业能力意识。行政职业需要较高的综合素质，需要具备一定的理论水平、专业知识及实践能力，包括行政理论、政治理论、法律知识、社会知识和现代行政技术等。三是职业责任意识。行政主体必须对行政结果负责，这是现代行政责、权、利一致的必然要求。国家公务员制度最明显的特点就是以公务员的功绩作为职务任命和晋升的依据，奖优罚劣。增强职业责任意识，是行政科学化、民主化的前提和重要保证。①

坚持以人民为中心的原则,构建职业化的行政文化,必须重视对诚信的追求。孔子曰:"人而无信,不知其可也。"②诚信,是一个政府义不容辞的责任。然而,随着经济体制转型,一些政府部门或多或少出现信用问题,诚信意识薄弱,导致公众对政府机构信心不足,使地区经济秩序混乱,行政成本增大,对外失去吸引力,对内失去凝聚力,同时诱发社会失信行为。打造政府诚信,已经成为小至某个地区、大至整个国家社会发展、经济发展的必由之路。建立诚信政府、保护公民的信赖利益是责任政府的必然要求,因为责任政府首先是诚信政府,一个不守诚信、出尔反尔的政府不可能是一个负责任的政府。③在由政府信用、企业信用、个人信用共同构建的社会信用体系中,政府信用起着主导作用,是构架整个社会信用体系的主要推动力。党的十九大报告明确提出要转变政府职能,深化简政放权,创新监管方式,增强政府公信力和执行力,建设人民满意的服务型政府。2016年10月31日,国务院常务会议再次把政府信息公开和舆情回应提上国务议程。会议讨论了《〈关于全面推进政务公开工作的意见〉实施细则》,而这份细则中最大的亮点之一就是规定了政务舆情的回应时限。其中指出,特别重大、重大突发事件发生后,最迟要在5个小时内发布权威信息,并在24小时内举行新闻发布会。④如此严格的时间要求,都旨在打造政府的公信力。

政府诚信是指政府管理机关对法定权力和职责的正确履行程度,政府管理部门在自身能力的限度内实际的践约状态,包括政府管理部门的科学民主程度、政府管理部门行政的依法程度、政府管理部门作为公共权力代表的公正程度、政府官员的公信力等。政府不讲诚信导致的直接后果就是公众与政府在心理上的疏离以及政府公信力的下降。当政府公信力下降到一定程度时,人们就

---

① 鲁磊磊. 中国行政文化创新研究 [D]. 郑州:郑州大学,2004.
② 《论语·为政》.
③ 王万华. 诚信政府与公民的信赖保护 [EB/OL]. (2002-03-11). http://www.people.com.cn/GB/guandian/26/20020311/683936.html.
④ 程云斌. 做好舆情回应提升政府公信力 [EB/OL]. (2016-11-01). http://www.gov.cn/zhengce/2016-11/01/content_5127015.htm.

有理由对政府的合法性产生怀疑了。从整体来看，我国政府是负责任的政府，是诚信的政府，但不可否认，一些政府部门在有些方面也存在诚信缺失的现象，这主要表现在：

第一，政权机构的内部缺乏诚信。例如，在政权机构中，上级对下级朝令夕改、滥发指示，下级对上级则虚报浮夸、隐瞒欺骗、阳奉阴违；横向的政权机构及其部门之间，互相争权夺利、推卸责任；政府工作人员之间存在着人身依附、互相倾轧的现象等。

第二，政权机构对公众缺乏诚信。例如，在权力机关方面，存在做出一项决议、决定或制定一项法律法规是从部门利益、局部利益而不是从人民整体利益出发的现象；司法机关存在审判不公、司法腐败等现象。行政机关对公众不讲诚信则表现在多方面：政府决策存在短期性、随意性和私利性，"拍脑门决策、拍胸脯担保、拍屁股走人"；政府对自己的行为出尔反尔，对自己刚刚批准的行为动辄无故收回，或者喝令"一律关闭"；政府信息不透明，如财政不透明、执法程序不透明等，有些地方政府竟然参与制造虚假信息；政府执法违法，不仅在经济活动中违反合约，甚至出现严重的政府欠债和赖债现象；政府工作人员整体素质不高，违法犯罪、欺压群众现象屡见不鲜，不能在公众中树立诚信形象等。从"陈馅月饼"到"苏丹红鸭蛋"，从"棉花掺假"到"致命假药"，从"年度假报表"到"基金黑幕"，以及雷洋案、山东疫苗案等，接二连三披露出的"假"事件，使人们开始意识到，诚信的缺失已经成为经济发展的重大隐患，并且给人们的生活和经济秩序带来了恶劣的影响。个人失信最多算是个人道德上的瑕疵，但是如果政府乃至社会普遍弥漫着失信的迷雾，那么这个国家就会出问题。因此，建设诚信政府刻不容缓，构建具有诚信特质的行政文化是新时代以人民为中心的行政文化的必然要求。

（6）创新

坚持以人民为中心原则，必须构建创新型行政文化。党的十九大指出，"实践没有止境，理论创新也没有止境。世界每时每刻都在发生变化，中国也每时每刻都在发生变化，我们必须在理论上跟上时代，不断认识规律，不断推进理论创新、实践创新、制度创新、文化创新以及其他各方面创新"①，要"加快建设创新型国家。创新是引领发展的第一动力，是建设现代化经济体系的战略支撑。要瞄准世界科技前沿，强化基础研究，实现前瞻性基础研究、引领性原创成果重大突破"②。创新是我们这个时代的主题，是社会进步的主要动力。新时代行政文化的构建只追求"学习"是不够的，还必须在"学习"的基础上"创新"。随着科学技术的飞速发展，国际竞争日趋激烈，世界各国纷纷把推动科技进步和创新作为国家战略。政府创新是社会创新的表率，建设创新型国家，要求我们有一个创新型的政府。走自主创新之路，建设创新型国家有利于提升我国的核心竞争力。

所谓创新型行政文化，就是要有目的、有意识地构建和营造一种有助于现代行政精神生成和发展的创新型文化环境，自觉地消除传统行政文化积淀中那些不利于民族创新精神发挥的消极成分，而培育一种能够激发民族创新精神的先进行政文化。创新型行政文化应该具备三个基本特征：第一，它应该是开放的。唯有开放才能不断吸收外来先进文化的成果，积极调整自身内容，自我突破，自我超越，努力向着新的境界迈进。第二，它应该是进取的。文化变革是行政改革的先导，进取的行政文化可以引导政府主动作为，适应新的时代要求，不断改革行政体制，调整行政政策和行政行为，保持积极进取的姿态。第三，它应该是兼容并蓄的。兼容并蓄是行政文化保持开放进取的基础。只有具备了兼容并蓄的胸怀，才会有开放的胆略，才会博采古今中西之所长，不断创新进取。③创新型政府的主要特征就是政府部门将创造性的改革作为提高行政效率、改善服务质量、增进公共利益的基本手段。一个创新型的政府，必须在体制和机制方面对公共服务部门进行持续不断的改革和完善，因此它必然是一个改革型的政府；一个创新型的政府，必须随时破除那些僵化的和不合时宜的观念和制度，因此它必然是一个开放型的政府；一个创新型的政府，必须通过不断的

---

① 习近平. 决胜全面建成小康社会 夺取新时代中国特色社会主义伟大胜利——在中国共产党第十九次全国代表大会上的报告 [M]. 北京：人民出版社，2017：26.
② 习近平. 决胜全面建成小康社会 夺取新时代中国特色社会主义伟大胜利——在中国共产党第十九次全国代表大会上的报告 [M]. 北京：人民出版社，2017：31.
③ 吴丽娟. 我国服务型政府建设的行政文化障碍及消除对策研究 [D]. 湘潭：湘潭大学，2005.

学习，来更新思想观念和行为方式，因此它必然是一个学习型的政府。①

因此，要构建新时代以人民为中心的行政文化，就必须把"学习"作为核心范畴之一。党的十九大提出新时代党的建设总要求是："坚持和加强党的全面领导，坚持党要管党、全面从严治党，以加强党的长期执政能力建设、先进性和纯洁性建设为主线，以党的政治建设为统领，以坚定理想信念宗旨为根基，以调动全党积极性、主动性、创造性为着力点，全面推进党的政治建设、思想建设、组织建设、作风建设、纪律建设，把制度建设贯穿其中，深入推进反腐败斗争，不断提高党的建设质量，把党建设成为始终走在时代前列、人民衷心拥护、勇于自我革命、经得起各种风浪考验、朝气蓬勃的马克思主义执政党。"②要实现新时代党的建设总要求，永保党和政府的先进性，就需要建设学习型政党、学习型政府和学习型社会，就是要构建学习型行政文化。

学习型政府就是在政府内部形成浓郁的学习氛围，完善终身教育体系和机制，形成全员学习、团队学习、组织学习的局面，从而提高整个政府的群体能力。党的十九大报告强调，要"弘扬马克思主义学风，推进'两学一做'学习教育常态化制度化，以县处级以上领导干部为重点，在全党开展'不忘初心，牢记使命'主题教育，用党的创新理论武装头脑，推动全党更加自觉地为实现新时代党的历史使命不懈奋斗"③。这使我们进一步认识到，建设学习型政党是创建学习型政府和学习型社会的关键，只有把各级党组织建设成为学习型组织，才能更好地引领和带动其他组织的创建，才能促进社会的和谐发展。建设学习型政党是我们党不断提高执政能力、巩固执政地位的必然要求。当今时代，知识经济蓬勃兴起，科技进步日新月异，社会变革瞬息万变，一个后发展的国家只有具备强大的学习能力，才能赶超先发展的国家。同样，一个肩负历史使命的执政党也只有不断提升学习能力，才能巩固执政地位，改变国家命

---

① 俞可平. 建设一个创新型政府 [J]. 人民论坛，2006（17）.
② 习近平. 决胜全面建成小康社会 夺取新时代中国特色社会主义伟大胜利——在中国共产党第十九次全国代表大会上的报告 [M]. 北京：人民出版社，2017：61-62.
③ 习近平. 决胜全面建成小康社会 夺取新时代中国特色社会主义伟大胜利——在中国共产党第十九次全国代表大会上的报告 [M]. 北京：人民出版社，2017：63.

运，实现民族振兴。①

我国之所以能够在世界社会主义运动遭受严重挫折的情况下始终坚持社会主义基本制度，不断增强并且综合国力，就在于我们的政府和党肯学习、会学习。我们学习的方向主要包括：一是向自己的历史经验学习，包括向自己犯过的错误学习。这个学习的收获就是，我们不仅认识到了我国现阶段处于并将长期处于社会主义初级阶段，而且我国现阶段的社会主要矛盾已经发生了转变。中国特色社会主义进入新时代，我国社会主要矛盾已经转化为人民日益增长的美好生活需要和不平衡不充分的发展之间的矛盾。这个学习的收获就是不忘初心、方得始终。习近平强调："全党同志一定要永远与人民同呼吸、共命运、心连心，永远把人民对美好生活的向往作为奋斗目标，以永不懈怠的精神状态和一往无前的奋斗姿态，继续朝着实现中华民族伟大复兴的宏伟目标奋勇前进。"②二是向人民群众及其创造的经验学习。在这样的学习中，我们不仅懂得了改革才能解放和发展社会生产力，而且懂得了人民群众在改革中创造的家庭联产承包责任制不姓"资"而姓"社"，懂得了社会主义也可以搞市场经济，懂得了社会主义初级阶段可以实行公有制为主体、多种所有制经济共同发展的基本经济制度，懂得了公有制实现形式可以而且应该多样化，懂得了股份制不能笼统地说姓"公"还是姓"私"，等等。三是向世界各国包括资本主义国家创造的人类文明的有益成果学习。这个学习告诉我们，封闭必然落后，开放才能进步；增长不等于发展，发展要以人为本；发展不能破坏生态环境，人与自然要和谐发展；新科技革命日新月异地发展，工业化与信息化相结合就能走出一条新型工业化道路；创新是科学的本质，自主创新才能建设创新型国家；和平与发展是时代主题，走和平发展道路是我们正确的选择；等等。③

---

① 佚名. 积极推进学习型政党建设 [EB/OL]. (2007-10-12). http://www.xxzg.net/html/80/n-180.htm.
② 习近平. 决胜全面建成小康社会 夺取新时代中国特色社会主义伟大胜利——在中国共产党第十九次全国代表大会上的报告 [M]. 北京：人民出版社，2017：1.
③ 李君如. 建设创新型国家和学习型政党 [EB/OL]. (2007-10-12). http://www.nssd.org/articles/Article_Read.aspx? id=22455420#.

7.3　构建新时代行政文化的主要路径

7.3.1　传承我国优秀的传统行政文化

我国传统文化瑰丽多姿、博大精深，它以其独特的魅力为中国社会的进步和人类文明的发展做出了巨大的贡献。习近平总书记在党的十九大报告中指出："深入挖掘中华优秀传统文化蕴含的思想观念、人文精神、道德规范，结合时代要求继承创新，让中华文化展现出永久魅力和时代风采。"①并进一步指出："文化自信是一个国家、一个民族发展中更基本、更深沉、更持久的力量。必须坚持马克思主义，牢固树立共产主义远大理想和中国特色社会主义共同理想，培育和践行社会主义核心价值观，不断增强意识形态领域主导权和话语权，推动中华优秀传统文化创造性转化、创新性发展，继承革命文化，发展社会主义先进文化，不忘本来、吸收外来、面向未来，更好构筑中国精神、中国价值、中国力量，为人民提供精神指引。"②我国传统文化是传统行政文化孕育和发展的母体。新时代构建行政文化要正确认识、科学对待传统文化，绝对不能简单地抛弃传统文化。我们应该以批判的眼光去审视传统行政文化，对于传统行政文化的合理成分，必须创造性地加以改造和转化。

7.3.1.1　吸收儒家文化中行政文化的精华

（1）继承和发扬"民本"思想，强化以人民为中心、为人民服务的观念

在中国历史上，早在西周时期就产生了朴素的民本意识。"天视自我民视，天听自我民听……"③虽然这种思想直接与"天意"相结合，属于唯心的天命观思想，但是民众在这时却受到了一定程度的重视，这在当时是很有进步

① 习近平. 决胜全面建成小康社会　夺取新时代中国特色社会主义伟大胜利——在中国共产党第十九次全国代表大会上的报告［M］. 北京：人民出版社，2017：42.
② 习近平. 决胜全面建成小康社会　夺取新时代中国特色社会主义伟大胜利——在中国共产党第十九次全国代表大会上的报告［M］. 北京：人民出版社，2017：23.
③ 《尚书·周书·泰誓》.

意义的。从这以后，民本思想逐渐得到了较为全面的发展和阐述。如孔子的弟子有若曰："百姓足，君孰与不足？百姓不足，君孰与足？"①到了孟子，就形成了一套比较系统的以民为本的治国理论和方案。他有一句传诵千古的名言："民为贵，社稷次之，君为轻。是故得乎丘民而为天子……"②《国语》中有："为仁者，爱亲之谓仁；为国者，利国之谓仁。故长民者无亲，众以为亲。苟利众而百姓和，岂能惮君？"《左传》有："民弃其上，不亡何待？"《管子》载："政之所兴，在顺民心。政之所废，在逆民心。"《淮南子》曰："民者，国之本也。"朱元璋说："百姓足而后国富，百姓逸而后国安。"③像这种包含民本思想的论述不胜枚举。需要指出的是，那时的"民"就是专指老百姓，是作为被统治阶级而存在的，由于阶级的局限性，这些富于民本色彩、肯定人的作用的有益思想大都烙上了明显的工具性标记。但是，民众在历史进程中表现出的巨大力量促使统治阶级不得不认识到民众的重要性，上述传统的民本思想也无一不说明人民乃国家之本、政治之基，统治者要体恤民意、重视民心。

这些传统的民本思想与马克思主义唯物史观的"人民群众是物质文明、政治文明和精神文明的创造主体，也是推动社会变革和历史前进的根本力量"的思想是有相通之处的。我国是人民民主专政的社会主义国家。在我国，人民是国家和社会的主人。《中华人民共和国宪法》规定"中华人民共和国的一切权力属于人民"，这就决定了社会主义民主的本质和核心是人民当家作主。我们要反对传统行政文化中的"官本位"思想和封建主义的特权思想，继承和发扬以民为本的思想，确定亲民、爱民、为民的根本立场，确立以民为本、以民为重、以民为先的价值取向，强化依靠人民群众、执政为民、以人民为中心、全心全意为人民服务的行政观念。政府机关必须合法运用人民授予的权力，必须坚持走"从群众中来，到群众中去"的思想工作路线，必须坚持民本，顺应民心；必须体察民情，关注民生；必须发扬民主，集中民智；必须维护民利，实现民富；必须搞好民治，确保民安；必须纯洁民风，促进民乐。

① 《论语·颜渊》.
② 《孟子·尽心下》.
③ 《明太祖实录》卷二五十.

（2）改造"大一统"思想，树立中央政府必要的权威

我国最早体现"大一统"思想的文章词句大约是《诗经》里的"普天之下，莫非王土；率土之滨，莫非王臣"①。从辞源学上说，"大一统"一词的正式提出，始见于《春秋公羊传·隐公元年》："何言乎'王正月'？大一统也。"东汉经学家何休将其解释为："大"乃为"推崇、重视"之义；"一统"乃为"元始"之义，是根基、基础的意思。"大一统"就是强调受命改制的根基，即重视重建政统和法统的根本。也就是说，"大一统"一词最早主要是对王朝建立的理论基础所做的说明，后来更进一步引申为国家在政治和文化上的高度统一。②我国封建社会历朝历代都把统治天下、建立统一的中央集权国家作为自己的政治理想和目标。正是在这种"大一统"思想的强力影响下，中国历史上虽然有过四分五裂的局面，但最终又回到国家统一的局面。"大一统"追求的不仅仅是疆土意义上的统一，历任的统治者在统一思想上所花费的心血远远大于在统一疆土上所花费的。在许多中国人眼里，"大一统"是国家强大的象征。

中国的"大一统"观念可谓源远流长，自国家形成初期它就产生了萌芽，随着阶级社会的发展而日臻完善，它已经成为中华民族的一种凝聚力，不仅在历史上发挥了极其重要的作用，而且在现实生活中仍有着相当重要的影响。我们构建新时代行政文化，应该改造和转化"大一统"思想，树立行政系统参与者的集体主义意识，强化行政人员的凝聚力，树立中央政府必要的权威，维护社会安定、民族团结和祖国统一。

（3）继承和发扬"德治"思想，塑造行政人员的德行

"德治"思想是中国传统行政文化中的重要内容之一。孔子曰："为政以德，譬如北辰，居其所而众星共之。"③如何才能实现"德治"呢？孔子也做了细致的阐述，如"政者，正也。子帅以正，孰敢不正""子欲善而民善矣！君

---

① 《诗经·小雅·北山》.
② 李增洪. 中西古代"大一统"理念之比较［EB/OL］.（2006-11-28）. http: //lunwen. freekaoyan.com/wenshilunwen/zhongguoshi/20061128/116470548874206.shtml.
③ 《论语·为政》.

子之德，风；小人之德，草。草，上之风，必偃"① "其身正，不令而行；其身不正，虽令不从"②。孔子认为，为政者应该起到榜样的作用，只要自身正了，带头走正道，其他人就会跟着走正道。如果为政者自己以身作则，做事正当，就是不下命令老百姓也会做；反之，就算是下达了命令，老百姓也不会听。《论语》又载，齐景公问政于孔子，孔子对曰："君君、臣臣、父父、子子。"公曰："善哉！信如君不君、臣不臣、父不父、子不子，虽有粟，吾得而食诸？"③对"君君、臣臣、父父、子子"的认识，人们大都认为是封建社会中纲常的主要内容，应该持批判态度。其实，我们还可以从另一个角度去理解它，即一种责任意识，是一种君、臣、父、子之间的契约。君王不尽君王的责任，无权要求臣民拥戴，也不可能得到真心拥戴；如果君王违背道义，成为虐民害物的昏君，就会被百姓推翻。臣子不尽臣子的责任，则对不起国家，更对不起百姓，君王不对这样的臣子进行贬黜，就会使国家吏治腐败，最终会祸国殃民。父母不尽父母的责任，不仅自己将来无法得到子女的孝敬，而且更是父母的失职，既对不起祖先，又对不起子女，还会给社会造成危害。子女不尽子女的责任，使父母年老没有生活保障，则对不起父母的养育之恩，见父母有错误而不劝谏则是不孝。人人尽责，国家必然安宁康泰，君王尽责是排在第一位的，其次是臣子，再次是父母。也就是说，君王不尽责而只去要求臣民尽责，臣子不尽责而只去要求民众尽责，父母不尽责而只去要求子女尽责，是不符合儒学之道的。君王不尽责，臣子三谏而不从，可以辞官为民；但是，父母不尽责，子女三谏而不从，却不能抛弃父母而不管。简而言之，就是处于什么角色的人，就应该尽到该角色的责任。只有尽到自己应该尽的责任，才能取得别人的信任；只要每个人都尽了自己的责任，国家就长治久安了。

分析传统行政文化中的"德治"思想，有助于行政人员的德行的塑造。行政人员的德行，是指行政人员在管理公共事务过程中所形成的对自己所应该承担的行政责任的道德感和自我评价能力以及这种道德感和自我评价能力转化为

① 《论语·颜渊》.
② 《论语·子路》.
③ 《论语·颜渊》.

自觉履行行政责任行为的道德内涵。行政人员的德行既包括行政人员主观的心理形式，即看到由于自己失职使人民利益受到损害而焦虑不安，深深自责；又包括把客观化的行政责任落到实处的行为。[①]所以，行政人员在行政管理过程中，要注重塑造自身的行政德行，用美好的德行来引导自己的行为，尽职尽责，这样行政行为就能达到预期的效果，行政系统就能有序运行，行政文化也会不断地得以丰富。

（4）继承和发扬"贵和"思想，营造和谐的行政环境

"贵和"思想，是中华民族悠久的文化传统，也是我国传统行政文化的主要内容之一。我国早在春秋时期就有"和实生物，同则不继"[②]的观点。我国古代思想家主张"和"，而不是"同"。《论语》记载"礼之用，和为贵"，把"和"作为处事、行礼的最高境界。老子提出"万物负阴而抱阳，冲气以为和"，认为道蕴含阴阳两个相反方面，万物都包含着阴阳，阴阳相互作用而构成"和"。管子提出"和乃生，不和不生"[③]，《庄子》记载阴阳"交通成和而物生焉"[④]，其他人如墨子、荀子等先秦诸子也多有关于"和"的论述。传统行政文化中的"贵和"思想是处理人与自然关系、人际关系以及处理民族关系、国家关系的法则，故有"天有其时，地有其财，人有其治"[⑤]"民吾同胞，物吾与也"[⑥]之说；故有"君子和而不同，小人同而不和"[⑦]"均无贫，和无寡"[⑧]之说；故有"百姓昭明，协和万邦，黎民於变时雍"之说[⑨]。从这些论述中可以看出，"和""和谐"并不是取消差异、取消多样性，也并不是无矛盾、无差别。"和谐"是一种有矛盾、有内在运行机理的状态和境界，是一种在承认差别、承认多样性的基础上，在不断解决矛盾的过程中实现的协调有序、持续前进的状态和境界。在目前城乡差别、工农差别、地区差别都客观存

---

① 张康之，李传军. 行政伦理学教程［M］. 北京：中国人民大学出版社，2004：155.
② 《国语·郑语》.
③ 《管子·内业》.
④ 《庄子·田子方》.
⑤ 《荀子·天论》.
⑥ 《正蒙·乾称》.
⑦ 《论语·子路》.
⑧ 《论语·季氏》.
⑨ 《尚书·尧典》.

在，而且不是短时期内能够消灭的情况下，认同"和而不同"的思想极为重要，"贵和"思想是我们构建和谐社会所必需的。①

构建新时代行政文化，也应该继承和发扬"贵和"思想，应该包容多样，尊重差异，求同存异，应该最广泛地在行政体系中形成共同的行政价值观，既有效率又有效果地进行行政实践活动；应该重视行政组织内部成员之间的情感沟通、强调人们之间相互亲善的思想；应该在行政系统内部形成一种上下和谐、关系融洽的工作氛围；应该积极营造一种有助于行政文化发展、行政目标有效达成的和谐行政环境。

7.3.1.2 重视法家思想，坚持行政法治原则

如同先秦的儒家一样，先秦的法家也是塑造中华法系的主要思想力量。法家是先秦诸子中最为重视法律的一派，他们以主张"法治"而闻名。法家主要有三个学派：赵国人慎到重"势"，韩国人申不害重"术"，卫国人商鞅重"法"，这三个学派的思想由韩非集大成，构成法家思想的终极核心。"势"是指君主的权势，由君主独掌军政大权；"术"是指驾驭群臣、掌握政权、推行法令的策略和手段；"法"是指要健全法制。

古代法家思想内容丰富，精华与糟粕并存。构建新时代行政文化，我们应该取其精华，继承并发扬法家思想中有价值的内容。这里首先梳理一下古代法家思想中有价值的内容：

第一，法是用来规范和衡量人们行为的客观的、公正的准则，并因此把法比拟为度量衡。《管子》有载："尺寸也，绳墨也，规矩也，衡石也，斗斛也，角量也，谓之法""法律政令者，吏民规矩绳墨也""法者，天下之程式也，万事之仪表也"。《商君书》载："法者，国之权衡也""先王悬权衡，立尺寸，而至今法之，其分明也"。韩非子进一步指出，法不单是行为的标准，更是纠正不当行为的一种建设性力量："椎锻者，所以平不夷也。榜檠者，所以矫不直也。圣人之为法也，所以平不夷，矫不直也。"②

---

① 湖北省炎黄文化研究会组，中共黄陂区委、区政府. 传统文化与和谐社会 [M]. 香港：香港天马出版有限公司，2005：15.
② 《韩非子·外储说右下》.

第二，法家强调"法"与"刑"的结合。法家认为，"法"不同于"礼"，法要以国家强制力做后盾，违法者必受国家刑罚。韩非子讲："明主之国，令者，言最贵者也；法者，事最适者也。言无二贵，法不两适。"①这里所谓"事最适者"就是指法要便于君主应用，君主能够运用它定分止争、兴功惧暴。法家所讲的"法"，主要是赏罚之法，韩非子继承了这种观念，故曰："赏刑明，则民尽死；民尽死，则兵强主尊""赏罚敬信，民虽寡，强"②"凡赏罚之必者，劝禁也"③。韩非子还专门著《二柄》篇，阐释了"刑赏二柄"的思想："明主之所导制其臣者，二柄而已矣。二柄者，刑德也。何谓刑德？曰：杀戮之谓刑，庆赏之谓德。为人臣者，畏诛罚而利庆赏，故人主自用其刑德，则群臣畏其威而归其利矣。"

第三，法与财产权的确定。法家常常提到法律的"定分止争"的功能，用当代的话语来说，便是界定产权、平息纷争。《管子》讲："法者，所以兴功惧暴也；律者，所以定分止争也；令者，所以令人知事也。"这里的"分"就是权利。《商君书》中对权利也有记载："一兔走，百人逐之，非以兔可分以为百也，由名分之未定也。夫卖兔者满市，而盗不敢取，由名分已定也。故名分未定，尧、舜、禹、汤且皆如鹜焉而逐之；名分已定，贪盗不取。"④

第四，法家所提倡的"法"，在一定程度上也符合老百姓的利益。《管子》认为，立法应考虑民情的好恶，只有顺乎民心的法令，才能为民众所拥护，才能行得通。"令顺民心，则威令行"⑤"人主之所以令则行、禁则止者，必令于民之所好，而禁于民之所恶也。民之情莫不欲生而恶死，莫不欲利而恶害。故上令于生、利人则令行，禁于杀、害人则禁止"⑥。韩非子这样描述法家的愿景："圣人者，审于是非之实，察于治乱之情也。故其治国也，正明法，陈严刑，将以救群生之乱，去天下之祸，使强不凌弱，众不暴寡，耆老

① 《韩非子·问辩》.
② 《韩非子·饰邪》.
③ 《韩非子·六反》.
④ 《商君书·定分》.
⑤ 《管子·牧民》.
⑥ 《管子·形势解》.

得遂，幼孤得长，边境不侵，君臣相亲，父子相保，而无死亡系虏之患。此亦功之至厚者也。"①可见，法家提倡的"法"，虽然由于阶级的局限性在本质上是为君主统治服务的，是一种工具，但是不可否认在一定程度上也符合人们的利益。

第五，法家主张法的平等性。与"礼"的观念相反，法家提出"不别亲疏，不殊贵贱，一断于法"②的主张。就法的平等适用来说，法家文献中也有不少精辟的论述。《商君书》中有关于刑罚的平等适用的论述："所谓壹刑者，刑无等级，自卿相、将军以至大夫、庶人，有不从王令、犯国禁、乱上制者，罪死不赦。有功于前，有败于后，不为损刑；有善于前，有过于后，不为亏法。忠臣孝子有过，必以其数断。"③《韩非子》载："上古之传言，《春秋》所记，犯法为逆以成大奸者，未尝不从尊贵之臣也。然而法令之所以备，刑罚之所以诛，常于卑贱。是以其民绝望，无所告愬。"因此主张"法不阿贵，绳不挠曲。法之所加，智者弗能辞，勇者弗敢争。刑过不避大臣，赏善不遗匹夫。故矫上之失，诘下之邪，治乱决缪，绌羡齐非，一民之轨，莫如法"④。虽然法家思想中的法律平等适用的观念是有局限性的，并且有作为巩固王权、对抗贵族的政治斗争中的武器的作用，但是作为一种思想，它仍有超越其时代的政治斗争的意义和价值。

第六，法家强调法的权威性和约束力，强调人民、官员甚至国君都应该守法和依法办事。《管子》记载："不为君欲变其令，令尊于君。"《商君书》也认为君主应受到法的制约："世之为治者，多释法而任私议，此国之所以乱也""是故明王任法去私，而国无'隙''蠹'矣"。《韩非子》中也有记载："释法术而任心治，尧不能正一国；去规矩而妄意度，奚仲不能成一轮；废尺寸而差短长，王尔不能半中。"⑤

第七，法应公布、清晰、易明，是法家的核心主张之一。法家认为，法的

---

① 《韩非子·奸劫弑臣》.
② 《史记·太史公自序》.
③ 《商君书·赏刑》.
④ 《韩非子·有度》.
⑤ 《韩非子·用人》.

目的在于调控国人的行为。如要实现这个目的，就必须使国人清楚地明白法律对他们的要求，所以，法律不但要公布，而且要写得清晰、易于明白，并要设立法律知识普及机制。《韩非子》中论述："法者，编著之图籍，设之于官府，而布之于百姓也。……故法莫如显。……是以明主言法，则境内卑贱，莫不闻知也，不独满于堂。"①

第八，法家特别强调法的统一性和稳定性。《管子》说："号令已出又易之，礼义已行又止之，度量已制又迁之，刑法已措又移之。如是，则庆赏虽重，民不劝也；杀戮虽繁，民不畏也。"②《韩非子》指出："治大国而数变法，则民苦之"③"法禁变易，号令数下者，可亡也"④。法家反对朝令夕改，但并不是主张法永久不变，相反，他们主张法应该随社会变化而变化。⑤

构建新时代的行政文化，借鉴古代法家思想，就是要坚持依法行政。从中华人民共和国成立到现在整个国家的行政法制建设经历了三个阶段：第一个阶段，是从中华人民共和国成立到20世纪80年代。在这个阶段，国家的主要任务是阶级斗争，这个阶段如果说有法制的话，也只有刑法，是刑法时代。第二个阶段，是自20世纪80年代到90年代末。这一阶段，国家进行改革开放，主要任务是经济建设，是民商法时代。第三个阶段，进入21世纪，国家改革进入一个以政治体制改革为主的时期，因此，把宪政建设和行政法制建设提到了国家法制建设的首要位置，标志着我国进入宪法与行政法时代，即公法时代。⑥2004年，国务院专门制定了《全面推进依法行政实施纲要》，确定了"依法行政，建立法治政府"的目标，并提出中国要在十年内基本建成法治政府。依法行政，就是行政机关自身的设定（包括职能的确定、组织设定、权力来源）、行政机关的运行（尤其是行使行政权力）都必须依据法律的规定并遵

---

① 《韩非子·难三》.
② 《管子·法法》.
③ 《韩非子·解老》.
④ 《韩非子·亡征》.
⑤ 陈弘毅. 法家思想传统的现代反思［EB/OL］.（2002-01-24）. http：//www.jcrb.com/zyw/n495/ca340772.htm.
⑥ 周佑勇. 当代中国行政法治建设的发展［EB/OL］.（2007-05-29）. http：//www.hangzhoufz.gov.cn/fzb/xsyd/llyd200705291.htm.

守相应程序，一切行政行为都要接受法律的监督，违法行政应承担法定责任。依法行政有以下几个原则：第一，职权法定原则。行政机关的职权必须由法律规定，行政机关必须在法律规定的职权范围内活动，非经法律授权，不可能具有并行使某项职权。第二，法律优先原则。法律优先原则包含下列含义：首先，在已有法律规定的情况下，任何其他法律规范，包括行政法规、地方性法规和规章，都不得与法律相抵触；其次，尽管某些规范就某事做出了规定，如果法律也就此事做出了规定，那么必须做到法律优先，其他规范都必须服从法律。第三，依据法律原则。行政机关的行为必须有法律依据。依法行政不仅要求行政机关根据法律和法律的授权制定规范，而且要求行政机关在做出具体行政作为时必须依据法律。第四，程序公开原则。该原则包括两方面的内容：一是行政行为、行政过程和行政结果公开；二是行政行为中涉及的文件、资料、信息情报公开。[①]

7.3.1.3 借鉴道家思想，构建有限型行政文化

道家崇尚自然，主张清静无为，反对斗争，其思想有辩证法的因素和无神论的倾向。道家思想虽然不像儒家思想那样成为中华民族的主流政治思想，但在传统行政文化中占据了重要的地位。

道家思想内容丰富，其中对行政文化产生影响最为深远的当属"无为而治"思想。"无为"是《道德经》中的重要概念，如第三章中载："为无为，则无不治。""无为"就是顺应自然、不妄为的意思，此句意为按照道和自然规律而为，则没有不能治理的（天下大治）。第三十八章载："上德不德，是以有德；下德不失德，是以无德。上德无为而无以为，下德无为而有以为。"意思是说，具备"上德"的人不表现为外在的有德，因此实际上是有"德"的；具备"下德"的人的行为则恰恰是没有"德"的。"上德"之人顺应自然而无心作为，"下德"之人顺应自然而有心作为。老子阐明了"无为"是依道而为，没有人为的企图，说明了道的客观性。帝王君临天下，常施德于民，实际上是

使民对其歌功颂德，并对其爱戴而已，是"利用之术，交易之道，非真德也"。只有"无为无以为"才是上德，才是天道，正所谓"天道无为无以为"。第四十八章："无为而无不为。取天下常以无事，及其有事，不足以取天下。"意思是说，如果能够做到无为，即不妄为，那么任何事情都可以有所作为。治理国家的人，要经常以不骚扰人民为治国之本，如果经常以繁苛之政扰害民众，那就不配治理国家了。这里老子揭示了"无为"与"无不为"的因果关系，指出了"无不为"的效果正是由于"无为"产生的。那么什么是"无为而治"呢？"无为而治"就是指"无为而无不为"，"无为"是因，"无不为"是果，它们统一于"道"。可见，老子所说的"无为"，并不是什么都不作为的意思，而是一种在更高层次上的顺其自然的行为。道家认为治理国家不能违背人的自然本性，"上德"之人要遵循自然规律而不能妄为，要注重客观实际而不能强为，要以"无为"达到"无不为"。老子讲"生而不有，为而不恃"①"圣人之道，为而不争"②，《庄子》载"功盖天下而似不自己，化贷万物而民弗恃"③，都强烈主张天道自然无为，人道应该遵从天道，顺应自然，实践无为。老子说"治大国，若烹小鲜"④，意思就是，治理大国就像烹饪小鱼一样，不能反复折腾。因为小鱼很嫩，如果老是翻来覆去地折腾，就会很容易弄碎。弦外之音就是，治理大国如同烹饪小鱼一样，只有小心翼翼地掌握好"火候"，才能治理好国家。那么，如何才能掌握好治理国家的"火候"呢？这就是我们要论及的关于有限型行政文化的构建问题了。

道家的"无为"思想足以引起我们对全能政府的反思。全能政府推崇政府无所不能、无所不为。事实上，全能政府有可能最终导致政府全无能的局面，因为政府的职责在于掌好服务的大舵，而不是具体地划桨。为了使政府行政有效，必须对全能、全为政府这种观念进行反思，必须建立有限政府，构建有限型行政文化。有限政府的基本内涵可以概括为：一是政府行政的目的在于维护

---

① 《道德经·第十章》.
② 《道德经·第八十一章》.
③ 《庄子·应帝王》.
④ 《道德经·第六十章》.

秩序和安全，保障公民财产权在内的各种权利自由；二是政府行为必须受制于宪法和法律，并且要"从民之所欲"；三是政府职能必须严格限定在公共领域；四是政府规模要适当，运行成本要控制在合理的水平；五是政府运行必须公开、透明、便民，并且必须坚持自律与他律并重；六是政府自身须适时变革以适应经济、社会环境和民众需求的变化。①

与有限政府相适应的必须是有限型行政文化。我们认为有限型行政文化主要包括以下四个方面的内容：其一，政府权力有限。政府的权力来源于人民，人民通过立法形式将自己的权力授予政府，让政府代为行使。政府的权力不能无限膨胀，必须受到一定的监督和制约。其二，政府职能有限。马克思认为政府的基本职能有两种，即政治统治和社会管理。从现代社会和各国政府的行政实践来看，政府的基本职能包括政治职能、经济职能、文化职能和社会职能。根据我国宪法和法律规定，我国政府的职能对内主要分为公共服务、保障人权、社会管理、宏观调控和市场监管。其三，政府责任有限。责任和权力是相辅相成的，也就是通常所说的权力与责任一致原则。所以，既然政府的权力有限，那么政府的责任也就有限。一般来说，政府在行使权力的同时，负有保护国家安全与社会稳定、保障人权不受侵犯、促进社会公正、维护市场秩序等责任。其四，政府行使权力的方式有限。政府必须按照法定的程序公开、公正地行使权力。限制政府行使权力的方式也是防止政府滥用权力的有效方式。

7.3.2 弘扬我国现代行政文化中的积极因素

新时代构建我国行政文化，要挖掘我国现代行政文化中的积极因素。其主要包括以下内容：

7.3.2.1 为人民服务

由毛泽东提出和倡导的为人民服务思想，是中国共产党的根本宗旨和社会主义道德建设的核心。它是中国共产党领导人民在革命和建设实践中形成并发

---

① 宋玉波，黄顺康. 建设有限型政府：意义、问题、对策 [J]. 重庆行政，2007 (1).

展起来的优秀成果，是行政管理实践中一以贯之的基本思想，是我国行政文化中的积极因素。

毛泽东在《论联合政府》中指出："我们共产党人区别于其他任何政党的又一个显著的标志，就是和最广大的人民群众取得最密切的联系。全心全意地为人民服务，一刻也不脱离群众；一切从人民的利益出发，而不是从个人或小集团的利益出发；向人民负责和向党的领导机关负责的一致性；这些就是我们的出发点。……共产党人的一切言论行动，必须以合乎最广大人民群众的最大利益，为最广大人民群众所拥护为最高标准。"[①]1945年4月党的七大把"中国共产党人必须具有全心全意为中国人民服务的精神"写入了党章。邓小平继承和发展了毛泽东为人民服务的思想，他认为中国共产党之所以成为人民群众的先锋队，就是因为"它是人民群众全心全意的服务者，它反映人民群众的利益和意志，并且努力帮助人民群众组织起来，为自己的利益和意志而斗争"[②]。在改革开放的新形势下，邓小平从最广大人民的根本利益出发，进一步提出了"三个有利于"标准，把"人民拥护不拥护""人民赞成不赞成""人民高兴不高兴""人民答应不答应"作为制定各项方针、政策的出发点和归宿。党的第三代领导集体在继承马克思列宁主义、毛泽东思想和邓小平理论的基础上，根据新的时代背景和建设中国特色社会主义面临的新形势、新任务，创造性地提出了"三个代表"重要思想。"三个代表"重要思想，把我们党的性质规定，从作为工人阶级的先锋队深化为始终代表先进生产力的发展要求、先进文化的前进方向和最广大人民的根本利益，其中代表最广大人民的根本利益是我们党和政府一切工作的出发点和落脚点。胡锦涛指出："各级领导干部都要牢固树立全心全意为人民服务的思想和真心真意对人民负责的精神""要坚持权为民所用、情为民所系、利为民所谋，为群众诚心诚意办实事，尽心尽力解难事，坚持不懈做好事"。[③]习近平强调新时代的中国特色社会主义事业要"坚持以人民为中心""人民是历史的创造者，是决定党和国家前途命运的根本力量。必

① 毛泽东. 毛泽东选集：第三卷 [M]. 北京：人民出版社，2009：1094-1096.
② 邓小平. 邓小平文选：第一卷 [M]. 北京：人民出版社，1994：218.
③ 胡锦涛. 在"三个代表"重要思想理论研讨会上的讲话 [N]. 人民日报，2003-07-02.

须坚持人民主体地位，坚持立党为公、执政为民，践行全心全意为人民服务的根本宗旨，把党的群众路线贯彻到治国理政全部活动之中，把人民对美好生活的向往作为奋斗目标，依靠人民创造历史伟业"。①总之，党的领导核心和领导集体都继承了毛泽东为人民服务的思想，并与时俱进地丰富了它的内容。

为人民服务思想是行政人员必须恪守的行政价值观，这既是由行政人员所肩负的历史重任所决定的，也是行政人员贯彻群众路线所必需的。行政人员只有坚持全心全意为人民服务的行政价值观，才能更好地执行"一切为了群众，一切依靠群众，从群众中来，到群众中去"的群众路线。《中华人民共和国公务员法》第十四条"公务员应当履行下列义务"中的第三款指出："忠于人民，全心全意为人民服务，接受人民监督。"可见，无论作为党员还是公务员都必须以此为理念，尽职尽责，更好地满足人民对于公共服务和公共产品的需求。②

7.3.2.2　行政法治

行政法治是社会主义政治文明的重要组成部分，也是我国现代行政文化积淀下来的优秀成果。从1949年中华人民共和国成立到2004年3月《全面推进依法行政实施纲要》确立建立法治政府的目标，从1954年《中华人民共和国宪法》颁布到1999年的宪法修正案确立"实行依法治国，建设社会主义法治国家"的治国方略，再到2018年的宪法修正案将"健全社会主义法制"修改为"健全社会主义法治"，这近70年的时间，记载了中国行政法治的发展历程。

我国行政法治的发展主要分为四个阶段：第一阶段，从中华人民共和国成立到20世纪50年代中期，是中国行政法制开始生长和发展的时期，是我国行政法制的初创阶段；第二阶段，自1957年至1978年，是中国行政法制停滞和倒退的时期；第三阶段，自1978年中共十一届三中全会至1989年《中华人民共

① 习近平. 决胜全面建成小康社会　夺取新时代中国特色社会主义伟大胜利——在中国共产党第十九次全国代表大会上的报告［M］. 北京：人民出版社，2017：21.
② 李琦，丛玉飞. 论公共管理中"为人民服务"与"顾客导向"双重理念塑造［J］. 吉林省社会主义学院学报，2007（4）.

和国行政诉讼法》通过，是中国行政法制重建和中国逐步从法制走向法治的时期；第四阶段，自1990年至今，是中国"法治政府工程"全面启动和进入系统"施工"的时期。

在第一阶段，我们在总结革命根据地经验的基础上，开始思考法治的可能性，开始创立初步的行政法和行政法制度。这个时期制定和颁布了大量的行政组织方面的法律法规，如《中华人民共和国中央人民政府组织法》《中华人民共和国国务院组织法》《中华人民共和国地方各级人民代表大会和地方各级人民政府组织法》，有国家计委、国家体委、监察部、劳动部等部委的组织条例以及国务院秘书处、法制局、人事局、专家局、计量局、机关事务局等直属机构或办公机构的组织简则，有大行政区人民政府委员会组织通则、省人民政府组织通则、市人民政府组织通则等。同时，还制定和颁布了大量的行政管理方面的法律、法规，规定国家机关对经济、政治、文化等各方面事务以及人、财、物各个领域管理的权限及管理方式。据统计，1949年10月至1956年12月，共颁布行政管理方面的法律、法规829项，其中有关机构、人事编制管理方面的法律、法规52项，有关财政、金融、税收管理方面的法律、法规9项，有关公安、民政、司法行政管理方面的法律、法规97项，有关经济建设管理方面的法律、法规261项，有关教育、科学、文化、卫生管理方面的法律、法规149项。另外，还建立了行政监察制度和公民控告国家机关及其工作人员违法失职行为的制度。

在第二阶段，由于公权力被滥用，我国行政法制经历了发展最为缓慢的20年。这20年大致可以分为四个时期：第一个时期是1957年至1961年。这个时期是行政法制首先遭到冲击和被否定的时期，但这个时期仍有部分法律制度在运行。某些行政法制甚至仍在创立，如1957年6月，全国人大常委会颁布了监察条例，10月颁布了治安管理处罚条例，11月颁布了消防监督条例；1957年10月，国务院颁布了《关于国家行政机关工作人员的奖惩暂行规定》等。第二个时期是1962年至1965年。这个时期由于政治上对"左"的路线有所批判和纠正，经济上对国民经济进行了调整，行政法制有所恢复。第三个时期是

1966 年至 1976 年。这个时期的初期（1966—1970），行政法制遭到破坏和摧毁，行政法制建设一片萧条。第四个时期是 1976 年 10 月至 1978 年。这个时期，"四人帮"虽然被打倒了，"文化大革命"虽然结束了，但是"左"的路线并没有完全结束，"两个凡是"束缚了人们的思想，行政领域仍然盛行着"长官意志"，行政法制仍然被冷落、被忽视。

在第三阶段，通过总结历史，特别是汲取"文化大革命"的教训，我国行政法制又有了新的发展。党的十一届三中全会第一次把民主和法制提到了重要的地位，该会议公报指出："为了保障人民民主，必须加强社会主义法制，使民主制度化，使这种制度和法律具有稳定性、连续性和极大的权威，做到有法可依，有法必依，执法必严，违法必究……要忠实于法律和制度，忠实于人民利益，忠实于事实真相；要保证人民在自己的法律面前人人平等，不允许任何人有超越法律之上的特权。"1978—1989 年，中国为重建和发展行政法制做了一系列工作，其中主要包括下述五项：一是恢复原有法制，解决行政领域无法可依的问题。1979 年，全国人大常委会做出决议，确定从中华人民共和国成立以来国家制定的法律、法令，凡不与现行宪法、法律、法令相抵触者均继续有效。在此基础上，制定了一系列适应新形势和情况的调整社会关系的新法律、法规，建立了各种有关的行政管理制度，使行政管理逐步走向法制化。第五届全国人大第二次会议通过了《中华人民共和国地方各级人民代表大会和地方各级人民政府组织法》，第五届全国人大第五次会议又通过了《中华人民共和国国务院组织法》。此外，这一时期还颁布了大量的行政管理方面的法律、法规，例如《中华人民共和国文物保护法》《中华人民共和国食品卫生法（试行）》《中华人民共和国学位条例》《中华人民共和国律师暂行条例》《中华人民共和国逮捕拘留条例》《国务院关于劳动教养问题的补充规定》《中华人民共和国商标法》《中华人民共和国森林法（试行）》《国家建设征用土地条例》《中华人民共和国环境保护法（试行）》《中华人民共和国海洋环境保护法》等。二是颁布"八二宪法"，确定行政法制的宗旨和发展方向。1978—1989 年这一时期，行政法制发展中最有意义的事件是"八二宪法"的颁布。"八二宪法"不仅重新恢复和确认了20世纪50年代初期、中期创建而在这之后相当长的时期内中断了的行政法制，而且将之向前大大推进了一步。三是改革政府机构，转变政府职能。1982年3月第五届全国人大常委会第二十二次会议通过决议，决定对国务院和地方各级人民政府的机构进行全面改革。这次改革历时两年多，在领导班子年轻化、知识化方面效果显著，但在精简机构方面却收效甚微。1988年3月第七届全国人大第一次会议通过决议，决定对政府机构进行新的全面性的改革。这次改革的目标是：根据党政分开、政企分开和精简、统一、效能的原则，逐步建立具有中国特色的功能齐全、结构合理、运转协调、灵活高效的行政管理体系。四是规范行政法规和规章的制定，健全行政立法制度。1982年宪法正式确认行政立法，规定国务院有权制定行政法规，国务院各部委有权制定规章。以后地方组织法又规定省、自治区、直辖市人民政府，省、自治区人民政府所在地的市和经国务院批准的较大的市的人民政府亦有权制定规章。国务院于1987年4月专门颁布了《行政法规制定程序暂行条例》，各省、自治区、直辖市也于其后相继颁布了有关制定地方规章的程序规定，使整个行政立法逐步规范化。五是拓宽行政争议解决途径，完善行政解纷机制。1982年全国人大常委会通过了《中华人民共和国商标法》，规定国务院工商行政管理部门设立商标评审委员会负责处理商标争议事宜；1984年全国人大常委会通过了《中华人民共和国专利法》，规定国家专利局设立专利复审委员会负责处理专利争议事宜；1987年国务院发布了《国营企业劳动争议处理暂行规定》，规定劳动行政管理机关设立劳动争议仲裁委员会，在其职权范围内处理因履行劳动合同而发生的争议案件和因开除、除名、辞退违纪职工而发生的争议案件。

在第四阶段，中国行政法治开始由原来主要适应计划经济的模式向适应市场经济的模式转化，由过去主要执行"管理"职能的模式向既具"管理"职能，更具"规范和控权"职能的模式转化。我国行政法治模式自20世纪90年代开始的这种发展和转化主要通过以下五个方面得以体现：

一是确立依法行政原则和建设法治政府的目标。1993年第八届全国人大第一次会议通过的政府工作报告正式以政府文件的形式确定了依法行政的原则。报告明确提出："各级政府都要依法行政，严格依法办事。一切公职人员都要带头学法懂法，做执法守法的模范。"①1996年第八届全国人大第四次会议通过的《关于国民经济和社会发展"九五"计划和2010年远景目标纲要及关于〈纲要〉报告的决议》更进一步将依法行政、依法治国、建立法治国家作为治国方针。报告指出："要坚持和实行依法治国，积极推进社会主义法制建设的进程，加强立法，严格执法，不断提高广大干部和群众的法律意识和法制观念，努力建设社会主义法制国家。"②中央人民政府于2004年提出了全面建设法治政府的总目标以及行政法治所要求的政府定位、行政立法、行政执法、行政决策、解纷机制、监督机制和法治观念等具体目标。

二是制定行政诉讼法和国家赔偿法，建立责任政府。1989年第七届全国人大第二次会议通过《中华人民共和国行政诉讼法》，正式确立"民告官"的行政诉讼制度，该法于1990年10月1日起施行。1994年第八届全国人大常委会第七次会议通过了《中华人民共和国国家赔偿法》，该法于1995年1月1日起正式施行。该法的立法目的在于保障公民、法人和其他组织享有依法取得国家赔偿的权利，促进国家机关依法行使职权。该法同时规定了行政赔偿和刑事赔偿（即冤狱赔偿）两种国家赔偿。

三是制定行政处罚法和行政许可法，建立有限政府和"三公"政府。2003年第十届全国人大常委会第四次会议通过了《中华人民共和国行政许可法》（以下简称《行政许可法》），该法自2004年7月1日起施行。《行政许可法》第十二条规定了行政许可的范围，政府不能在此范围之外实施行政许可。而且，即使是属于国家行政许可范围之内的事项，《行政许可法》第十三条还规定，对于其中行政相对人能够自主决定的，市场竞争机制能够有效调节的，待业组织或中介组织能够自律管理的，行政机关采用事后监督等其他行政管理方式能够解决的，法律也可以排除政府的行政许可。这些充分说明《行政许可

---

① 参见《中华人民共和国全国人民代表大会常务委员会公报》，1993年第2号，第20页.
② 参见《中华人民共和国全国人民代表大会常务委员会公报》，1996年第2号，第8页.

法》最明确、最直接地体现了"有限政府"的原则。1996年第八届全国人大第四次会议通过了《中华人民共和国行政处罚法》，该法于同年10月1日起施行。《中华人民共和国行政处罚法》与2003年通过的《行政许可法》较好地解决了对行政行为的程序制约问题，较好地体现了现代民主、法治的精神和原则。其所规定的各项行政程序制度，如表明身份制度，告知制度，说明理由制度，调查和收集证据制度，听取当事人陈述和申辩制度，送达行政决定书、告知当事人救济权利、救济途径的制度，时效制度以及听证制度等，都为我国建立实体和程序正义的公开、公正、公平的"三公"政府提供了法治前提。

四是制定行政监察法和公务员法，确立制约与激励机制，建立廉洁政府。1990年12月国务院发布了《中华人民共和国行政监察条例》，1997年第八届全国人大常委会第二十五次会议通过了《中华人民共和国行政监察法》，把条例上升为法，从而确立了我国相对稳定的、较为规范的且有中国特色的行政监察制度。1994年第八届全国人大常委会第九次会议通过了《中华人民共和国审计法》，规定国家实行审计制度，由国家审计机关对国务院各部门和地方各级人民政府及其各部门的财政收支以及国有的金融机构和企业事业组织的财务收支进行审计监督。1993年国务院颁布了《国家公务员暂行条例》，并于2005年由第十届全国人大常委会第十五次会议上升为法律，即《中华人民共和国公务员法》，从而在我国正式建立起公务员制度。2018年第十三届全国人民代表大会第一次会议表决通过了《中华人民共和国宪法修正案》，增加有关监察委员会的各项规定，规定中华人民共和国国家监察委员会是最高监察机关，国家监察委员会对全国人民代表大会和全国人民代表大会常务委员会负责。地方各级监察委员会对产生它的国家权力机关和上一级监察委员会负责，监察委员会依照法律规定独立行使监察权，不受行政机关、社会团体和个人的干涉。

五是确立信赖保护原则和以人为本原则，建立诚信政府和为民、便民政府。《行政许可法》第八条规定："公民、法人或者其他组织依法取得的行政许可受法律保护，行政机关不得擅自改变已经生效的行政许可。行政许可所依据的法律、法规、规章修改或者废止，或者准予行政许可所依据的客观情况发生重大变化的，为了公共利益的需要，行政机关可以依法变更或者撤回已经生效的行政许可。由此给公民、法人或者其他组织造成财产损失的，行政机关应当依法给予补偿。"这一规定即是对信赖保护原则的明确宣示，对于建立诚信政府具有极为重要的意义。《行政许可法》第六条规定："实施行政许可，应当遵循便民的原则，提高办事效率，提供优质服务。"《行政许可法》还规定了一系列便民制度，如"一站式服务"（第二十五、二十六条）、"一个窗口对外"（第二十六条）、"政府超市"（第二十六条）、"一次告知"（第三十二条）、期限制度（第四十二至四十五条）、听证制度（第四十六至四十八条）等。这些规定无疑都体现了以人为本的原则，对于建立为民和便民政府具有重大意义。①

总之，走法治之路，用法律规范和控制公权力的运作，建设法治政府，是当代中国做出的重大选择。行政法治也是我国现代行政文化的重要组成部分。推进行政法治是建设社会主义法治国家的重要组成部分，是社会主义政治文明建设的重要任务之一。

7.3.2.3 以德治国

法律与道德作为上层建筑的组成部分，都是维护社会秩序、规范人们思想和行为的重要手段，它们互相联系、互相补充。法治以其权威性和强制手段规范社会成员的行为，德治以其说服力和劝导力提高社会成员的思想认识和道德觉悟。道德规范和法律规范应该互相结合，统一发挥作用。所以，我国不仅要依法治国，也要以德治国。何谓"以德治国"？以德治国，就是以马克思列宁主义、毛泽东思想、邓小平理论为指导，以为人民服务为核心，以集体主义为原则，以爱祖国、爱人民、爱劳动、爱科学、爱社会主义为基本要求，以职业道德、社会公德、家庭美德的建设为落脚点，建立与社会主义市场经济相适应的，与社会主义法律体系相配套的社会主义思想道德体系，并使之成为全体人民普遍认同和自觉遵守的行为规范。以德治国通过建立与社会主义市场经济发展相适应的思想道德体系，为社会主义法治国家的建设奠定坚实的伦理道德

---

① 姜明安. 中国行政法治发展进程回顾——经验与教训 [J]. 中国政法大学学报，2005（5）.

基础。

法律是一定物质生活条件所决定的统治阶级意志的体现，是国家制定或认可并由国家强制力保证实施的人们行为规范体系的总和，它通过规定人们的权利与义务，确定、维系和发展有利于统治阶级的社会关系和社会秩序。与法律不同，道德则是评价人们的思想和行为的美与恶、正义与非正义、光荣与耻辱、公正与偏私的观点、原则和规范的总称，它依靠社会舆论、传统习惯和人们内心信念的力量来促使人们遵守它。法制是一个社会能够良好运行的制度保障。法制的活力完全来自于人们它的信守和执行。然而，人的行为不是完全客观的、程序化的，要确保人能够对法律、法规、制度等最大可能地认同与执行，就必须提高人的道德修养和综合素质。因此，人们的思想道德文化素质如何，对于法制建设的成效至关重要。如果人们的思想道德文化素质差，再好的法律法规也会因为得不到正确的执行和遵守而变成一纸空文。一个社会治理得好不好，既同法制的完备程度有很大关系，也同人们的思想道德文化素质有很大关系。注重人们的道德修养，尤其加强对行政人员行政道德的建设至关重要。为构建社会主义和谐社会，胡锦涛同志于2006年在全国政协十届四次会议的民盟、民进联组会上提出了"八荣八耻"社会主义荣辱观，体现出作为国家主人的广大劳动人民群众，以及作为人民公仆的各级党政领导干部，都应该加强自身的思想道德修养，都需要有"以德治国"的思想意识。

当前，我们构建新时代行政文化，必须继续贯彻落实"以德治国"思想，必须切实提高行政人员的行政道德，并适时地将行政道德法治化。

7.3.3 借鉴国外行政文化中的科学成分

新时代行政文化的构建，既要在技术、手段层面上借鉴、利用西方比较科学的行政文化，又要注意与我国的行政实际状况与最终目的相结合，不能照搬照抄。由于政治制度和社会意识形态等诸多现实因素不同，我们构建新时代的行政文化，应该侧重于从理论层面借鉴西方行政文化中的科学成分。下面就对滋养现代西方行政文化主要的行政理论加以概括、分析，探寻一些能够为我所用的文化因素。

7.3.3.1　公共选择理论

公共选择理论产生于20世纪40年代末，于50—60年代形成了其基本原理和理论框架。20世纪60年代末以来，其学术影响迅速扩大。英国经济学家邓肯·布莱克被尊为"公共选择理论之父"，他于1948年发表的《论集体决策原理》一文，为公共选择理论奠定了基础；于1958年出版的《委员会和选举理论》被认为是公共选择理论的代表作。公共选择理论的领袖人物首推美国著名经济学家詹姆斯·布坎南，他的代表作有《社会选择、民主政治与自由市场》，以及他与戈登·塔洛克合著的《同意的计算——立宪民主的逻辑基础》等。此外，著名经济学家阿罗和唐斯对公共选择理论的建立和发展也做出了重要贡献。

公共选择理论是一门介于经济学和政治学之间的新兴交叉学科，它把经济分析工具应用于政治研究领域，运用经济学的方法和理论去考察政治领域中的集体决策或其他非市场决策的理论。公共选择理论主要包括两个基本观点：一是理性经济人假设；二是政府失败论。

公共选择理论认为，人类社会是由经济市场和政治市场共同组成的。经济市场和政治市场分别有其各自的活动主体，即消费者（需求者）与厂商（供给者）和选民、利益集团（需求者）与政治家、官员（供给者）。在经济市场上，人们通过货币选票来选择能给其带来最大满足的私人物品；在政治市场上，人们通过政治选票来选择能给其带来最大利益的政治家、政策法案和法律制度。前一类行为是经济决策，后一类行为是政治决策，个人在社会活动中主要是做出这两类决策。不管是经济决策还是政治决策，人们做出某种决策的依据在本质上是一致的，即总是遵循趋利避害、舍小利求大利的自利行为准则。政府官员和政治家也一样，他们在政治市场上也追求着自己的政治利益的最大化，而并不管这些利益是否符合公共利益，所以，在公共选择理论中，诸如"社会目标""国家目标""社会福利函数"之类的名词只是政治家的幌子罢了。

公共选择理论以理性经济人假设为出发点，对传统的公共行政管理模式的困境做了如下分析：第一，政府对公共物品和公共服务的提供是垄断性的，必然导致官僚机构缺乏竞争，缺乏降低成本的动力，从而变得没有效率或低效率；第二，按韦伯官僚制模式建立起来的政府机构强调绝对的、垂直的命令–服从机制，扼杀了公务员的创造性和积极性，使得政府内部缺乏有效的激励机制；第三，官僚也是理性经济人，他们在追求公共效用的同时也追求个人效用的最大化，政府机构也有自身的利益，因此，公权私用、以权谋私的现象难以避免；第四，政府预算投入与工作绩效没有关系，官僚追求预算最大化，追求更大的自主权和垄断力，必然导致政府规模扩大，出现"政府扩张"；第五，伴随着"政府扩张"，政治权力可能直接介入经济活动，作为"理性经济人"的官僚，便会借助权力谋取个人的最大利益，产生权力寻租。要解决上述几个问题，公共选择理论主张：组织类型的理性选择；市场机制与个人选择；分权化，使公众有自由选择的可能；公共服务组织小规模化；自由化，主要表现是放松管制——包括放松市场管制和社会管制①。

公共选择理论在理性经济人假设的基础上很自然地得出了"政府失败"的必然结论。国家是一种由人组成的组织，在这里做出决策的人与其他人没有本质区别，他们同样是个人效用最大化者。这样就会导致个人对公共物品的需求在现代代议制民主中得不到很好满足，公共部门在提供公共物品时趋向于浪费和滥用资源，致使公共支出成本规模过大或者效率降低，预算上出现偏差，政府的活动并不总像应该的那样或像理论上能够做到的那样"有效"的现象出现。国家和政府不是神的造物，它并不比其他任何社会组织更加正确无误，政府作为市场机制的一种替代和补救手段，也是缺陷多多，"政府失灵"现象普遍可见。政府失败的主要表现为政府行为的低效率、政府部门的扩张、寻租行为和社会资源的浪费等。因此，必须大力减少国家干预，尽力发挥市场的功能。政府干预永远只能是第二位的选择。"政府失败论"是公共选择学派最重

---

① 周志忍. 当代国外行政改革比较研究 [M]. 北京：国家行政学院出版社，1999：24.

要的分析结论，它构成了公共选择理论的核心论点。

公共选择理论对我国新时代行政文化的构建具有借鉴意义，主要体现在以下几个方面：

第一，构建有限型行政文化。公共选择理论认为，国家总是追求更大的国家权力，因此要从这种循环中解脱出来，破除政府"万能"的神话。政府不是无所不为、无所不能的"万能"政府，它只能办它应该办的并且能够办好的事情。公共选择理论的这些观点可以引导我们对政府权力进行限制。

第二，在新时代行政文化中引入竞争元素。公共选择理论认为，政府工作效率大多不尽如人意，其根源在于政府服务具有公共性、垄断性而缺乏竞争性。国家应进一步采取措施打破行政垄断、行业垄断和地区垄断，保证自由竞争。我们新时代行政文化的构建，追求为人民服务，理所当然要引导政府打破垄断，保证自由竞争，并扩大政府服务的途径。

第三，构建有效型行政文化。公共选择理论认为政府失败，并列举了"政府失灵"的种种表现，这就不得不促使我们注重行政文化的有效性。科学发展观要求改进政府管理方式，由直接管理向间接管理转变，由微观管理向宏观管理转变，由暗箱操作向阳光行政转变，切实提高行政效率。政府部门尤其要改进决策方式，降低决策成本，实现决策的科学化、民主化，进一步提高我国行政系统的办事效率。

第四，构建廉洁型行政文化。在公共选择理论中，政治也是一种交易，而政策和制度的出台是各方博弈后所达成的契约，所以，寻租和社会资源浪费的现象在所难免。因此，我们应该通过反思公共选择理论，积极构建廉洁型行政文化，不仅从道德层面引导行政人员，培植行政人员的行政道德，而且要从制度和法律层面来约束其行政行为。

7.3.3.2 制度变迁理论

社会制度变迁理论大致有两种：一是马克思的制度变迁理论；二是道格拉斯·C.诺思的制度变迁理论。本书要介绍的制度变迁理论是后者。这倒不是由于诺思因社会制度变迁理论而获得了诺贝尔奖的缘故，而是因为诺思的与新古典经济学接轨的社会制度变迁理论更接近我们所要研究的问题。美国著名经济学家道格拉斯·C.诺思在研究中阐释了制度因素的巨大作用，他构造了一个囊括了政治、经济和社会因素在内的，以制度、制度结构、制度创新与变迁为主体的制度变迁理论体系，他认为制度对社会发展和历史进步起决定作用。他的新经济史论和制度变迁理论使其在经济学界声名鹊起，成为新制度经济学的代表人物之一，并因此获得了1993年度诺贝尔经济学奖。

诺思的制度变迁理论由三个部分构成：第一，描述在有效率的组织中激励个人和团体的产权理论。诺思认为在一个组织中必须对产权做出明确的界定。因为经济增长与有效率的产权关系密切，而有效率的产权是具有竞争性和排他性的，只有明确界定了产权，才能充分调动产权所有者的主动性和积极性。第二，界定实施产权的国家理论。"产权是制度的核心，对产权的尊重一方面来源于约定俗成的习俗规范，另一方面来自于国家的权威，这样国家的制度功能出现，国家理论也就围绕制度而展开。"①诺思在制度变迁理论中对产权理论虽然没有多大发展，但他将产权理论与国家理论结合起来，因为国家并不是"中立"的，国家决定产权结构，并且最终要对造成经济增长、衰退或停滞的产权结构的效率负责。国家理论首先要阐明国家的性质。学界关于国家性质的界定大致有两种，即掠夺论和契约论。掠夺论认为国家是某一集团或阶级的代理者，它的作用是代表该集团或阶级的利益向其他集团或阶级的成员榨取收入。它认为国家是掠夺或剥削的产物，是统治者掠夺和剥削被统治者的工具。而契约论则认为国家是公民达成契约的结果，它要为公民服务，国家在其中起着使社会福利最大化的作用。显然，这两种理论都有一定的道理，都能在历史和现实中找到佐证，但它们均不能涵盖所有的国家形式，因而是不全面的。从理论推演的角度看，国家带有掠夺和契约的双重性。诺思综合掠夺论与契约论，提出了国家暴力潜能分配论。所谓暴力潜能，就是"为实行对资源的控制而尽可能地利用暴力"。诺思认为，国家可视为在暴力方面具有比较优势的组织，如

---

① 王玉海. 诺思制度变迁理论的演进及其应用价值 [J]. 东方论坛，2004（4）.

若暴力潜能在公民之间平等分配则产生契约性国家，反之则产生掠夺性国家。因此，在诺思看来，一个福利或效用最大化的国家具有三个特征：一是国家为获取收入，以一组被称为"保护"或"公正"的服务作为交换；二是为使国家收入最大化，它将选民分为各个集团，并为每一个集团设计产权；三是国家面临着内部潜在竞争者和外部其他国家的竞争。第三，影响人们对客观存在变化的不同反映的意识形态理论。西方正统的经济学理论一直忽视或排除意识形态在经济增长和制度变迁中的作用，其他一些社会学家尤其是马克思主义理论家则十分重视意识形态的作用。诺思在吸收两种理论的精华的基础上，发展了自己的具有意识形态成分的制度变迁理论。诺思认为，意识形态是人们解释周围世界时拥有的主观信念，无论在个人关系的微观层面上，还是在组织结构的宏观层面上，它都提供对过去、现在和未来的整体解释。它由互相关联的、包罗万象的世界观构成，包括道德和伦理法则。诺思指出，新古典理论不能解释两种行为：一是包括获得利益而逃避付费的"搭便车"在内的机会主义行为；二是对自我利益的计较并不构成动机因素的行为，即利他主义行为。对这两种行为用产权理论和国家理论也不能做出科学的解释，故需借助意识形态理论解释与克服，并进一步阐释制度变迁。在诺思看来，意识形态是降低交易成本的一种制度安排。一种成功的意识形态必须具有以下特征：能够解释历史并对现行所有权结构及交易条件有所说明；必须具有灵活性，以赢得新旧团体的忠诚；必须能克服"搭便车"问题；能促使交易双方简化决策过程，节省交易费用。

此外，还应该认识诺思的制度变迁的路径依赖理论。路径依赖类似于物理学中的"惯性"，一旦进入某一路径，无论它是好的还是坏的，就可能对这种路径产生依赖。其实，关于自我增强机制和路径依赖的研究，最早是由阿瑟针对技术演变过程提出的。诺思把前人关于技术演变过程中的自我强化现象的论证推广到制度变迁方面，提出了制度变迁的路径依赖理论。诺思研究发现，决定制度变迁路径的力量来自两个方面：不完全市场和报酬递增。对于前者，由于市场的复杂性和信息的不完全性，制度变迁不可能总是完全按照初始设计的方向演进，往往一个偶然的事件就可能使之改变方向。对于后者，利益最大化是人的行为导向，制度变迁诱发的报酬递增决定了制度变迁的方向。这时出现"路径依赖"，即由于制度变迁中收益递增现象的出现，形成一种"自我强化"机制，从而使得制度变迁沿着既定方向在某一路径中发展和强化。诺思进一步指出，即使是沿着既定路径，制度变迁也有不同的发展状况：可能进入良性循环轨道且不断优化，也可能进入恶性循环轨道且持续走低，还可被"锁定"在某种低效率状态下而停滞不前。这就能很好地解释为何同是制度变迁，有的国家经济持续增长，而有的国家却长期落后。

制度变迁理论可以为我国新时代行政文化的构建带来如下启示：一是积极营造有助于产权改革的文化氛围，继续完善产权立法，加快产权改革进程，保证公平竞争，促动经济持续稳定增长；二是解放思想，转变政府职能，深化政府改革；三是坚持依法行政，有效规范国家权力，尽量把国家的消极作用抑制到最小；四是培育发达的社会中介组织与第三部门等非政府组织，建立法治化对话机制，保证公民与社团能够参与行政；五是加大行政文化的社会化力度，重视发挥行政文化在意识形态方面的引导作用。

7.3.3.3 新公共管理理论

20世纪70年代末80年代初，西方各国为了应对财政危机和政府的信任赤字、绩效赤字，均开始了大规模的政府改革。作为政府管理研究领域的一种新理论及新实践模式，它都表现出由传统的、官僚的、层级节制的、缺乏弹性的行政理论及实践向市场导向的、深具弹性的新公共管理理论及实践的转变。

新公共管理以追求"三E"（Economy，Efficiency，Effectiveness），即经济、效率和效益为目标，企图融合各种学科相关的知识和方法，创立一个公共管理（尤其是政府管理）的新范式，以适应当代公共管理实践发展的需要。"新公共管理的基础是将市场原则用于公共政策和公共管理。"[①]戴维·奥斯本把这场运动称为"政府再造"运动，认为"政府再造就是用企业化体制来取代

---

① 休斯 O E. 公共管理导论[M]. 彭和平，等，译.2版.北京：中国人民大学出版社，2001：257.

官僚体制，即创造具有创新惯性和质量持续改进的公共组织和公共体制，而不必靠外力驱使"①。1992年，奥斯本和盖布勒在《改革政府》一书中总结出"企业型政府"的十大原则：掌舵而不是划桨；授权而不是直接服务；把竞争机制注入到提高服务中去；改变照章办事的组织；更加关注效果而不是投入；满足顾客的需要而不是官僚政治的需要；有收益而不浪费；预防而不是治疗；从等级制到参与和协作；通过市场力量进行变革。1997年，奥斯本又和普拉斯特里克一起进一步提出了"再造政府"的五项战略，即核心战略（Core Strategy）、结果战略（Consequences Strategy）、顾客战略（Customer Strategy）、控制战略（Control Strategy）和文化战略（Culture Strategy），称为改变政府"DNA"的"五个C"。詹姆斯·W.费斯勒和唐纳德·F.凯特尔在《行政过程的政治》一书中认为："新公共管理改革具有三个典型特征：重建、不断改进、精简。重建——来自私人部门对重建组织过程和组织结构的努力；不断改进——来自质量运动；精简——来自世界范围内缩小政府规模的举措。"②劳伦斯·R.琼斯和弗雷德·汤普逊在《面向21世纪的公共管理体制改革》一书中提出了新公共管理改革的"五个R"战略：Restructuring（重构）、Reengineering（重建）、Reinventing（重塑）、Realigning（重组）、Rethinking（重思）。他们说："这五个R提供了理解构成新公共管理的分散概念的一个框架。"③经济合作与发展组织在1995年年度报告中认为："这场世界范围内的运动有八个特征：权力转移，提高柔性；确保绩效、控制和说明义务；发展竞争和选择；提供响应式服务；提升人力资源管理；优化信息管理；提高管制质量；加强中央政府的调节而非干预职能。"④

国内学者对新公共管理理论也有不同的认识。如周志忍在《当代国外行政

---

① 奥斯本 D，普拉斯特里克 P. 摒弃官僚制：政府再造的五项战略 [M]. 谭功荣，刘霞，译.北京：中国人民大学出版社，2002：14.
② JAMES W，FESLER，KETTL D F. The politics of the administrative process [M]. New Jersey: Chatham House Publishers, Inc., 1996: 68-81.
③ FESLER J W, THOMPSON F. Public management renewal for the twenty-first century [M]. Stamford: JAI Press Inc., 1999:32.
④ OECD. Governance in transition: public management reforms in OECD countries [M]. Paris: OECD, 1995: 3.

改革比较研究》一书中对新公共管理理论做了介绍，其基本观点为：第一，公共部门与私营部门之间在管理上并无本质差别；第二，私营部门的管理水平比公共部门要先进、优越得多；第三，借用私营部门的管理理论、管理模式、管理原则、管理方法和技术来"重塑政府"，是提高政府工作效率和管理水平的根本途径。陈振明对新公共管理理论持谨慎的支持态度。他认为，作为传统公共行政模式的替代物，新公共管理实践模式的出现是公共部门管理特别是政府管理的一次重大突破。这种实践模式尽管远非完善，但在西方公共管理中产生了深刻的影响和积极的作用，因而对于我国的行政体制改革与创新具有重要的借鉴意义。张成福等则认为，新公共管理是以自利人为假设，基于公共选择代理人理论及交易成本理论，以传统的管理主义和新泰罗主义为基点而发展起来的，其核心在于强调经济价值的优先性、强调市场机能、强调大规模使用企业管理的哲学与技术、强调顾客导向的行政风格，代表着现实世界中人们持续不断改进政府、实现理想政府治理的一个努力方向，但它是否意味着政府治理的一个新典范时代的到来，现在下结论还为时过早。

新公共管理理论可以在多方面为我们构建新时代行政文化提供借鉴：第一，调整政府与市场的关系，转变政府职能，建立适应市场经济发展需要和符合我国现代行政实际状况的有限型行政文化。第二，调整政府与社会的关系，坚持顾客导向的公共服务理念，最大限度地提高政府的服务质量，构建与服务型政府相配套的服务型行政文化。第三，把一些科学的企业管理方法和理念，如目标管理、绩效评估、成本核算等引入公共行政领域，降低行政成本，提高行政效率，构建有效型行政文化。

7.3.3.4 新公共服务理论

美国亚利桑那州立大学的登哈特夫妇在批判与反思新公共管理理论的基础上，构建出了系统的"新公共服务理论"。它将公民置于整个治理的中心，强调政府治理角色的转变是服务而非导航；推崇公共精神，旨在提升公共服务的尊严与价值；重视公民社会与公民身份，重视政府与社区、公民之间的对话沟通与合作共治；强调建立有效的公民利益表达机制；主张用一种基于公民权、民主和为公共利益服务的新公共服务模式来替代当前的那些基于经济理论和自我利益的主导行政模式。①新公共服务理论有四个基础理论：民主社会的公民权理论、社区与公民社会的理论（或模型）、组织人本主义和组织对话理论、后现代公共行政理论。登哈特夫妇在其《新公共服务：服务，而不是掌舵》一书中较为完整地构建了新公共服务理论思想体系，见表7-1②。

表7-1 新公共服务理论思想体系表

章	主要内容	观点
1	公共行政与新公共管理	指出了奥斯本等人倡导的"再造政府"理论与实践的缺陷；提出政府职能是服务而非"掌舵"
2	新公共服务的来源	四个来源：（1）民主社会的公民权理论；（2）社区与公民社会的理论（或模型）；（3）组织人本主义和组织对话理论；（4）后现代公共行政理论。提出新公共服务的七条重要的理念（原则）
3	服务于公民，而不是服务于顾客	公共利益是就共同利益进行对话的结果，而不是个人自身利益的聚集，因此，公务员不是要仅仅关注"顾客"的需求，而是要着重关注公民并且在公民之间建立信任和合作的关系
4	追求公共利益	公共行政官员必须促进建立一种集体的、共同的公共利益观念。其目标不是要找到由个人选择驱动的快速解决问题的方案，而是要创立共同的利益和共同的责任
5	重视公民权胜过重视企业家精神	重视为社会做出有益贡献的公务员和公民要比重视企业家精神的管理者能够更好地促进公共利益
6	思考要具有战略性，行政要具有民主性	满足公共需要的政策和项目可以通过集体努力和合作的方式得到最有效并且最负责的实施

① 登哈特 R B，登哈特 J V. 新公共服务：服务而非掌舵 [J]. 刘俊生，译. 中国行政管理，2002：（10）.
② 登哈特 J V，登哈特 R B. 新公共服务：服务，而不是掌舵 [M]. 丁煌，译. 北京：中国人民大学出版社，2004.

续表

章	主要内容	观点
7	承认责任并不简单	公务员应该关注的不仅仅是市场，他们还应该关注法令和宪法、社区价值观、政治规范、职业标准以及公民利益
8	服务，而不是"掌舵"	对于公务员来说，越来越重要的是要利用基于价值的共同领导来帮助公民明确表达和满足他们的共同利益需求，而不是试图控制或掌握社会新的发展方向
9	重视人，而不是重视生产率	如果公共组织及其所参与其中的网络是基于对所有人的尊重而通过合作和共同领导来运作的话，那么从长远来看，他们就更有可能取得成功
10	结语	新公共服务提供了一个既可以替代传统的公共管理模式，又可以替代目前占主导地位的管理主义的公共管理模式，它是一种建立在对公共部门的理论探索和实践创新基础上的模式

新公共服务理论的价值理念和主要内容对于我国新时代行政文化的构建及我国服务型政府的建设，具有极为重要的借鉴意义：第一，应该注重行政文化的参与性。一是要健全了解民情、充分反映民意、广泛集中民智、切实珍惜民力的决策机制，推进决策科学化、民主化，建立社情民意反映机制，建立与人民群众利益密切相关的重大事项社会公示制度和社会听证制度；二是要加大政务公开力度，建立与人民群众交流信息的畅通渠道；三是保障人民群众对依法管理国家和社会事务、管理经济和文化事业的知情权、参与权、监督权，为群众生活和参与经济、政治、文化及社会活动创造便利条件。[①]第二，加强公务员行政素养和行政伦理建设，提高公务员为人民服务的意识。为了能够践行"全心全意为人民服务"的宗旨，行政文化要求在公务员队伍的建设上不仅要提升公务员的知识和能力，而且要在思想观念上培养公务员为人民服务的精神，要注重公务员队伍综合性与专业性的结合。第三，应该加强行政问责制度

① 魏礼群. 大力建设服务型政府 [J]. 求是，2006 (21).

建设，提高行政人员的责任意识。这就要求不仅权责划分要明确，而且要做到政务公开、透明。

7.3.3.5　治理理论

1989年，世界银行在讨论非洲的发展问题时首次使用了"治理危机"这个词语。1992年，世界银行年度报告的题目为《治理与发展》。1992年，在联合国的支持下，一些退休的著名政治家、外交家与联合国前高官成立了"全球治理委员会"，并出版了名为《全球治理》的杂志。自此开始，"治理"一词逐步在学术界流行起来。20世纪90年代，在西方学术界特别是政治学、行政学、管理学领域，治理理论成为探讨的热点。

"治理"源于拉丁文和希腊语，原意为"控制"、"引导"和"操纵"，主要用于与国家公共事务相关的管理活动和政治活动中。学术界对"治理"的概念还没有形成共识。治理理论的主要创始人罗西瑙在其代表作《没有政府统治的治理》中，从理论上构建起了世界政治的两个层面，即国内政治和全球政治，并把二者描述成两个重叠的相互关联系统。罗西瑙把"治理"定义为："治理是一系列活动领域里的管理机制，它们虽未得到正式授权，却能有效发挥作用。与统治不同，治理是一种由共同的目标支持的活动，这些管理活动的主体未必是政府，也无须依靠国家的强制力量来实现。"①罗西瑙认为，国内政治与全球政治的差别主要在于治理的程度不同，而不是治理环境中是否存在政府。2000年，罗西瑙就全球治理问题提出了"新符合多边主义观点"，主张"以联合国及其相关制度为中心，拓宽多种国际机制与跨国合作政策的网络"。相比较而言，全球治理委员会的定义具有很强的代表性和权威性。全球治理委员会在联合国成立50周年之际发表了题为《我们的地球》的报告。该报告认为："治理是各种公共的或私人的个人和机构管理其共同事务的诸多方式的总和。它是使相互冲突的或不同的利益得以调和并且采取联合行动的持续的过程。它既包括有权迫使人们服从的正式制度和规

---

①　俞可平. 治理与善治［M］. 北京：社会科学文献出版社，2000：2.

则，也包括各种人们同意或以为符合其利益的非正式的制度安排。它有四个特征：治理不是一整套规则，也不是一种活动，而是一个过程；治理过程的基础不是控制，而是协调；治理既涉及公共部门，也包括私人部门；治理不是一种正式的制度，而是持续的互动。"①

研究治理理论的另一位权威格里·斯托克认为，到目前为止，各国学者对作为一种理论的"治理"已经提出了五种主要的观点：第一，治理意味着存在着一系列来自政府，但又不限于政府的社会公共机构和行为者。它对传统的国家和政府权威提出挑战，它认为政府并不是国家唯一的权力中心。各种公共机构和私人机构只要其行使的权力得到了公众的认可，就都可能会成为在各个不同层面上的权力中心。第二，治理意味着在为社会和经济问题寻求解决方案的过程中，存在着界限和责任方面的模糊性。它表明在现代社会，国家正在把原先由它独自承担的责任转移给公民社会中的其他主体。这样，国家与社会之间、公共部门与私人部门之间的界限和责任便日益变得模糊不清。第三，治理明确肯定了在涉及集体行为的各个社会公共机构之间存在着权力依赖。进一步说，致力于集体行动的组织必须依靠其他组织；为达到目的，各个组织必须交换资源、致力于共同的目标；交换的结果不仅取决于各参与者的资源，而且取决于游戏规则以及进行交换的环境。第四，治理意味着参与者最终将形成一个自主的网络。这一自主的网络在某个特定的领域拥有发号施令的权威，它与政府在特定的领域进行合作，分担政府的行政管理责任。第五，治理意味着办好事情的能力并不仅限于政府的权力，不限于政府的发号施令或运用权威。在公共事务的管理中，还存在着其他的管理方法和技术，政府有责任使用这些新的方法和技术来更好地对公共事务进行控制和引导。②

综上所述，目前治理理论大体可以概括为三派，即国家中心维持现状派、新自由制度改良派、全球市民社会变革现状派。三派相应的观点和立场大体可归纳为表7-2中所示内容。③

---

① 俞可平. 治理与善治 [M]. 北京：社会科学文献出版社，2000：5.
② 俞可平. 治理与善治 [M]. 北京：社会科学文献出版社，2000：35-45.
③ 刘小林. 全球治理理论的价值观研究[J]. 世界经济与政治论坛，2007（3）.

表7-2　　　　　　　　　　三派相应的观点和立场

	国家中心维持现状派	新自由制度改良派	全球市民社会变革现状派
基本价值选择	国家利益至上、价值认同的一致与统一	权利与义务的一致、协议与共同责任基础上的价值认同	价值平等、自由、社会公正、普世公益
治理的行为主体	国家、人民、市场经济	市民社会、具有实效性的国家、国际机制与跨国经济组织	从地方到全球的多层治理自治体与人民
政策选择	国家统治能力的强化（必要的条件下）、国际政治中的权力政治	国际自由贸易、国际治理体制的建构、全球公益的稳定提供	变革以往全球不平等的秩序，彻底改造国家中心的国际体系
全球社会理想形态	民族国家能力的强化，以实际有效的地缘政治来维持世界秩序	以政府间协调机制为中心，建构民主、多元的全球治理	实行多层次的民主治理，自下而上地在全球各层面建构公益不断增长的全球市民社会

　　治理可以弥补国家和市场在调控和协调过程中的某些不足，但也内在地存在着许多局限，在社会资源配置中不仅存在国家的失效和市场的失效，也存在着治理失效的可能。杰索普认为："治理的失败可以理解成是由于有关各方对原定目标是否仍然有效发生争议而未能重新界定目标所致。"①因此学术界提出了"善治"的概念。"善治"也是治理理论的目标取向。概括来讲，"善治"就是使公共利益最大化的社会管理过程，其本质特征在于它是政府与社会、政府与市场、政府与公民对公共事务的合作管理。②俞可平概括了"善治"的六个基本要素：合法性；透明性；责任性；法治；回应性；有效性。2001年，在《治理和善治分析的比较优势》一文中，他又在前六条的基

①　俞可平. 治理与善治 [M]. 北京：社会科学文献出版社，2000：72.
②　赵艳玲. 治理理论与我国政府管理创新 [J]. 苏州市职业大学学报，2007（1）.

础上增加了"稳定性"。

尽管治理和善治理论刚刚起步，还很不完善，学术界对之有不少争议和批评，但它的一些观点和理念对我国新时代行政文化的构建仍有着一定的引导作用。第一，更新行政观念，转变政府职能，明确政府权力，构建有限型行政文化。第二，克服科层官僚组织的弊端，加强行政组织与非政府组织的联系、沟通与合作。第三，加强行政道德建设，提高公民整体素质，积极培育第三部门，强化行政组织与公民、第三部门之间的信任感。

总之，我国新时代行政文化的构建应该借鉴西方现代比较科学的行政理论。有必要指出的是，即使是同为发达资本主义国家的欧美各国，由于历史条件、文化传统等方面的不同，它们在实践这些行政理念时的进程、速度、重点及所采取的具体措施均有所不同。我国是社会主义国家，构建新时代的行政文化必须秉承正确的态度和科学的方法。要坚持马克思主义立场、观点、方法，把握好共性和个性、抽象和具体、一般和个别的关系，立足国情，取长补短，否则将无益于我国新时代行政文化的构建。

主要参考文献

[1] 马克思. 资本论：第1卷 [M]. 中共中央马克思恩格斯列宁斯大林著作编译局，译. 北京：人民出版社，2004.

[2] 马克思，恩格斯. 马克思恩格斯全集：第2卷 [M]. 中共中央马克思恩格斯列宁斯大林著作编译局，译. 北京：人民出版社，1995.

[3] 马克思，恩格斯. 马克思恩格斯全集：第4卷 [M]. 中共中央马克思恩格斯列宁斯大林著作编译局，译. 北京：人民出版社，1995.

[4] 马克思，恩格斯. 马克思恩格斯全集：第21卷 [M]. 中共中央马克思恩格斯列宁斯大林著作编译局，译. 北京：人民出版社，1965.

[5] 列宁. 列宁选集：第4卷 [M]. 中共中央马克思恩格斯列宁斯大林著作编译局，译. 北京：人民出版社，1995.

[6] 列宁. 列宁全集：第31卷 [M]. 中共中央马克思恩格斯列宁斯大林著作编译局，译. 北京：人民出版社，1958.

[7] 毛泽东. 毛泽东选集：第三卷 [M]. 北京：人民出版社，2009.

[8] 邓小平. 邓小平文选：第一卷 [M]. 北京：人民出版社，1994.

[9] 邓小平. 邓小平文选：第二卷 [M]. 北京：人民出版社，1994.

[10] 邓小平. 邓小平文选：第三卷 [M]. 北京：人民出版社，1993.

[11] 胡锦涛. 在"三个代表"重要思想理论研讨会上的讲话 [N]. 人民日报，2003-07-02.

[12] 习近平. 决胜全面建成小康社会　夺取新时代中国特色社会主义伟大胜利——在中国共产党第十九次全国代表大会上的报告 [M]. 北京：人民出版社，2017.

[13] 柏拉图. 柏拉图全集：下卷 [M]. 王晓朝，译. 增订版. 北京：人民出版社，2018.

[14] 亚里士多德. 政治学 [M]. 颜一，秦典华，译. 北京：中国人民大学出版社，2003：132.

[15] 贝尔 D.后工业社会的来临 [M]. 高铦，王宏周，等，译. 南昌：江西人民出版社，2018.

[16] 潘恩 T.常识 [M]. 马清槐，译. 北京：商务印书馆，2015.

[17] 帕斯卡. 思想录——论宗教和其他主题的思想 [M]. 何兆武，译. 北京：商务印书馆，2015.

[18] 白宇. 建设人民满意的服务型政府 [N]. 人民日报，2018-09-09.

[19] 任勇. 服务型政府建设在改革开放中深入推进 [N]. 人民日报，2018-09-09.

[20] 丁煌. 将为人民服务的宗旨落到实处 [N]. 人民日报，2018-09-09.

[21] 丁守和. 中国近代思潮论 [M]. 广州：广东人民出版社，2003.

[22] 温红彦，盛若蔚，等. 坚决打赢反腐败这场正义之战——党的十八大以来反腐败斗争成就述评 [N]. 人民日报，2017-09-18.

[23] 南怀瑾. 南怀瑾选集：第六卷 [M]. 上海：复旦大学出版社，2005.

[24] 方天立. 中国佛教哲学要义：下卷 [M]. 北京：中国人民大学出版社，2005.

[25] 颜晓峰. 系统领会习近平新时代中国特色社会主义思想精髓要义 [N]. 新华日报，2018-07-17.

[26] 赵周贤，刘光明，等. 习近平新时代中国特色社会主义思想的原创性贡献 [N]. 经济日报，2018-08-30.

[27] 休斯 O E.公共管理导论 [M]. 彭和平，等，译. 2版. 北京：中国人民大学出版社，2001.

[28] 奥斯本 D，普拉斯特里克 P.摒弃官僚制：政府再造的五项战略 [M]. 谭功荣，刘霞，译. 北京：中国人民大学出版社，2002.

［29］登哈特 J V，登哈特 R B.新公共服务：服务，而不是掌舵［M］．丁煌，译．北京：中国人民大学出版社，2004.

［30］俞可平．治理与善治［M］．北京：社会科学文献出版社，2000.

［31］古德诺 F J.政治与行政［M］．王元，译．北京：华夏出版社，1987.

［32］罗尔斯 J.正义论［M］．何怀宏，何包钢，等，译．北京：中国社会科学出版社，2009.

［33］凯特 D.有效政府——全球公共管理革命［M］．朱涛，译．上海：上海交通大学出版社，2005.

［34］勒纳 R E，等．西方文明史［M］．王觉非，等，译．北京：中国青年出版社，2003.

［35］董小燕．西方文明：精神与制度变迁［M］．上海：学林出版社，2003.

［36］丁煌．西方行政学说史［M］．修订版．武汉：武汉大学出版社，1999.

［37］奥斯本 D，盖布勒 T.改革政府：企业家精神如何改革着公共部门［M］．周敦仁，等，译．上海：上海译文出版社，1996.

［38］王沪宁．行政生态分析［M］．上海：复旦大学出版社，1989.

［39］魏礼群．大力建设服务型政府［J］．求是，2006（21）.

［40］登哈特 R B，登哈特 J V.新公共服务：服务而非掌舵［J］．刘俊生，译．中国行政管理，2002（10）.

［41］刘小林．全球治理理论的价值观研究［J］．世界经济与政治论坛，2007（3）.

［42］赵艳玲．治理理论与我国政府管理创新［J］．苏州市职业大学学报，2007（1）.

［43］王玉海．诺思制度变迁理论的演进及其应用价值［J］．东方论坛，2004（4）.

［44］姜明安．中国行政法治发展进程回顾——经验与教训［J］．中国政

法大学学报，2005（5）.

[45] 李琦，丛玉飞. 论公共管理中"为人民服务"与"顾客导向"双重理念塑造［J］. 吉林省社会主义学院学报，2007（4）.

[46] 戈玲. 欲"开新"先"返本"——关于马克思主义在中国的发展［J］. 中国青年政治学院学报，2006（2）.

[47] 宋玉波，黄顺康. 建设有限型政府：意义、问题、对策［J］. 重庆行政，2007（1）.

[48] 王小洋. 依法行政若干问题研究［J］. 洛阳师范学院学报，2007（1）.

[49] 俞可平. 建设一个创新型政府［J］. 人民论坛，2006（17）.

[50] 胡鞍钢. 公开披露各类腐败的经济损失［J］. 民主与科学，2004（4）.

[51] 井敏. 服务型政府中的公民角色：积极公民而不是顾客［J］. 湖北行政学院学报，2007（4）.

[52] 傅红艳. 略论建立我国服务型行政文化的现实必要性［J］. 辽宁行政学院学报，2007（7）.

[53] 缪愫生. 民众参与法治建设的途径［J］. 行政与法，2007（8）.

[54] 唐检云，李美华. 政府绩效评估的文化基础分析——一种基于中西方公共行政文化差异的视角［J］. 江西农业大学学报：社会科学版，2006：（1）.

[55] 中国行政管理学会课题组. 习近平新时代中国特色社会主义行政管理体系建设思想研究［J］. 中国行政管理，2018（6）.

[56] 林峰. 后现代主义思潮与我国青年核心价值观塑造［J］. 思想政治教育研究，2017（1）.

[57] JOHNES L R，THOMPSON F. Public management renewal for the twenty-first century［M］. Stamford：JAI Press Inc.，1999.

[58] DAVIS C.Organization theory of public administration［M］. London：

Praeger Westport，1996.

[59] RYAN N.Reconstructing citizens as consumers：implications for new modes of governance [J]．Australian Journal of Public Administration，2001（3）．